职业院校学生人文社科知识读本

主编 ● 沈晓星 张传刚

交际与口才

苏州大学出版社
Soochow University Press

图书在版编目(CIP)数据

交际与口才/沈晓昕,张传刚主编. —苏州:苏州大学出版社,2014.6(2019.7重印)
(职业院校学生人文社科知识读本)
ISBN 978-7-5672-0887-2

Ⅰ.①交… Ⅱ.①沈… ②张… Ⅲ.①心理交往—口才学—高等职业教育—教材 Ⅳ.①C912.1

中国版本图书馆 CIP 数据核字(2014)第 113426 号

交际与口才

沈晓昕 张传刚 主编

责任编辑 刘一霖

苏州大学出版社出版发行
(地址:苏州市十梓街1号 邮编:215006)
常州市武进第三印刷有限公司印装
(地址:常州市武进区湟里镇村前街 邮编:213154)

开本 787 mm×1 092 mm 1/16 印张 11 字数 235 千
2014 年 6 月第 1 版 2019 年 7 月第 3 次印刷
ISBN 978-7-5672-0887-2 定价:29.00 元

苏州大学版图书若有印装错误,本社负责调换
苏州大学出版社营销部 电话:0512-67481020
苏州大学出版社网址 http://www.sudapress.com

职业院校学生人文社科知识读本
丛书编审委员会

主　任　张建初
副主任　黄学勇　刘宗宝
委　员（排序不分先后）
　　　　　吴兆刚　刘爱武　强玉龙　吕　虹　杨晓敏
　　　　　沈晓昕　李翔宇　刘　江　张秋勤　仇靖泰
　　　　　梁伟康　刘立明　陈修勇　王建林

职业院校学生人文社科知识读本

参加编写学校名单（排序不分先后）

徐州经贸高等职业学校
徐州生物工程职业技术学院
连云港工贸高等职业技术学校
宿迁经贸高等职业技术学校
淮安生物工程高等职业学校
盐城技师学院
扬州高等职业技术学校
仪征技师学院
泰州机电高等职业技术学校
南通理工学院
南京财经大学
苏州旅游与财经高等职业技术学校
苏州农业职业技术学院
苏州职业大学
苏州工业园区职业技术学院
苏州工业园区工业技术学校
苏州经贸职业技术学院
德州职业技术学院
安徽工商职业学院
安徽广播影视职业技术学院
南昌航空大学
九江学院
上海李伟菘音乐学校
上海商业学校
上海师范大学天华学院
中山市中等专业学校
深圳职业技术学院

总 序

《国家中长期教育改革和发展规划纲要(2010—2020年)》(以下简称《纲要》)中明确提出"要把育人为本作为教育工作的根本要求";《教育部关于全面提高高等职业教育教学质量的若干意见》(教高〔2006〕16号)中也明确指出"高等职业院校要坚持育人为本,德育为先,把立德树人作为根本任务"。其宗旨都要求高职教育的终极目标须以育人为本,为此,全面提升学生的人文素质就成为必然选择。

从人才和就业市场反馈的信息看,备受青睐的毕业生往往具备如下特点:道德素质较高,具备较强的事业心、责任感;有艰苦奋斗精神、奉献精神和创新精神;基础扎实,知识面宽;有较好的组织管理能力,善于处理人际关系等。从国家、社会和用人单位层面来讲,也都要求毕业生具备良好的道德修养、专业知识技能、职业心理、创新精神、团队合作能力、人际交往与沟通能力、承受挫折能力等综合素质。因此,高等职业院校在教育教学中必须结合学校实际,加强调研与分析,在学校的各项教育教学活动中多渠道、多方位地加强学生人文素质的教育与培养。

在高职院校的专业设置中,人文素质课程是薄弱环节。要想培养出"既具有过硬的专业知识和岗位技能,又具有远大的个人理想和良好的道德风尚"的毕业生,必须进行课程体系的改革和创新,同时要加强人文素质教育的研究与总结;在课程设置上做到人文素质课程与职业技能课程并重,善于发现人文素质教育的素材和切入点,并根据学校自身的特点设置人文素质教育课程。

1. 改革课程体系,完善人文教育

人文素质教育课程体系的构建必须以马克思主义为指导,突出文理渗透、工管结合的学科交叉特点,全面提高学生的人文素养。此外,课程体系的构建还必须从实际出发,考虑课程的相对系统性和完整性,考虑师生的承受能力,考虑理工科院校的特殊性,使课程体系改革具有可操作性。课程体系除了开设人文学科的选修课和必修课外,还可以经常举办人文学术报告与讲座、职业生涯规划课程与就业创业指导讲座等。职业院校应结合高职生的心理特点和成长规律,成立心理健康咨询中心,建立心理健康咨询网站,通过多种形式进行心理健康教育的宣传和指导,让学生真正感受到人文关怀,培养人文情怀。

2. 专业课程渗透人文教育

人文教育不仅仅体现在人文课程的教学中,在专业课程教学中同样可以处处渗透着人文精神,同样可以进行人文教育。在专业教学中,要让学生了解与专业相关的真实的历史背景、自然和谐的文化精神、真善美的文化底蕴等人文方面的知识,在专业技能的应用中处处展示这些人文精神,从而进一步激发学生学习专业的兴趣与热情,夯实专业基础,加强专业技能和人文素质的共同培养。

3. 综合考核,协调运转

高职教育要适应社会的发展,必须让教育系统内的各个子系统及各个要素之间协调运转,形成技能教育和人文素质教育的合力。要建立科学的人文素质培养评估体系,明确每门课程的职业人文素质教育目标,完善对学生在人文社科知识、思想道德、社会活动参与等多方面的考核指标及人文素质测评,在产、学、研中渗透、融合人文素质的培养,将素质考核纳入整个考试考核体系。

《纲要》中还指出:"职业教育要面向人人,面向社会,要着力培养学生的职业道德、职业技能和就业创业能力。"因此,职业教育的主旋律是"育人"而非"制器",不应只要求学生掌握技能,也需培养学生富有人文素养,兼具对国家和社会的责任感。高职院校应通过建设多种符合自身特色的人文素质教育的路径,把学生培养成高技能与全素质的人才,从而适应社会和企业对人才的需求。

这套"职业院校学生人文社科知识系列读本"正是基于这样的理念和出发点而编写的,不过分追求学科的系统性、完整性,强调从学生的实际出发,重点突出文学、历史、地理、音乐、美术、书法、传统文化、职业规划等人文学科的基础知识,力求深入浅出,雅俗共赏,融知识性和趣味性于一体,使学生在阅读中感悟人生,体会关怀,于无形中得到精神熏陶和境界升华。

我们希望这套丛书的出版能够为高职院校开展人文素质教育做出有益的贡献,并通过试用、修订,反复锤炼,能够更具特色,并广受师生的欢迎,成为人文素质教育的精品图书。

我们也希望通过系列教材的编写、出版,能锻炼、培养一批专注于职业院校素质教育教学的教师群体,使其能成为推动学校实施素质教育建设的骨干力量,从而全面促进职业院校素质教育工作更有声有色、卓有成效地展开。

丛书编委会

前言 Preface

现代社会,人们把口才与金钱、电脑一起并称为三大战略武器。可见口才对于现代人的重要意义。随着社会的发展,对于职校毕业生除了道德、基本技能的要求外,用人单位对职校生的口语表达能力也格外看重。不过,就现实情况来看,相当一部分职校学生的交际口才能力有待于进一步提高。鉴于此,我们编写了本书,意在为从事交际与口才教学的同仁提供一些参考,可作为各类职业学校《交际与口才》课程的教材,也可以作为提高职校生人文素养的参考读物,同时也是各界人士进行交际与口才训练的实用手册。

本书共九章,涵盖交际的形象礼仪、口语基础、社会口才礼仪、面试口才、商务口才和实用演讲等方面。前两章是仪表语言和发声训练。在社会交往中,有无声语言和有声语言,仪表作为无声语言,与有声语言相互映衬。当然有声语言也需要很好的练习,才能让声音更美。发声训练一章则是学生通过学习,让其说话的声音更美。第三章讲述口才的基本知识、口才基本训练技巧和方法,通过本章的学习,能明确口才的基础知识。前三章学习内容的安排,主要是为打好交际与口才的基础。第四至第七章,就实际生活中应用较为广泛的社交口才、面试口才、商务口才等进行学习,着力提高学习者口才的实际应用能力。第八、九两章则从生活中最经常应用的演讲着手,着重讲述工作会议演讲、生活礼仪演讲、竞聘演讲等方面。

本书跳出《交际与口才》常规教材知识体系构建窠臼,从案例教学入手,借鉴任务驱动教学法的精髓,在每一章节开始就提出任务,明确每一章节的学习重点,使学生带着明确的任务去学习。在每一节的内容设置上,采用读、议、学、练的方式,设置"读一读""议一议""学一学""练一练"四个学习环节。四个学习环节环环相扣,将知识学习融于具体情境中,侧重口语交际的实战指导和演练。在每个单元的学习中,穿插了大量新颖且具备代表性的案例,增添了学习的趣味性,并为学习者提供了可供模仿的对象。

本书在编写过程中,参考了大量的文献与资料,在此谨向已注明和未注明的专著、报刊与文章的作者表示诚挚的感谢。

限于学识、视野、精力和时间,书稿肯定存有思虑不周、内容安排不当等有失妥帖之处,恳请各位专家、同行及读者在使用中予以批评指正。

编 者

目录 Contents

第一章 以美好的形象示人 001/

第一节　态势语言　　　　　　　001
第二节　学会使用仪表语言　　　017

第二章 口语表达的基础 022/

第一节　了解声音　　　　　　　022
第二节　发声训练　　　　　　　030

第三章 口才概述 036/

第一节　口才的基本知识　　　　036
第二节　口才训练技巧和方法　　043

第四章 社交口才 049/

第一节　学会倾听　　　　　　　049
第二节　学会交谈　　　　　　　054

第五章
社交口才艺术
059/

第一节	赞美与批评的艺术	059
第二节	拒绝和应变的艺术	072

第六章
面试口才
083/

第一节	学会介绍自己	083
第二节	求职面试的禁忌	087
第三节	求职面试的礼仪技巧	095
第四节	求职面试的语言策略	098

第七章
商务口才
102/

第一节	商务礼仪	102
第二节	推销艺术	106
第三节	谈判艺术	112
第四节	售后服务的口才技巧	118

第八章
演讲基础
124/

第一节	了解演讲的步骤	124
第二节	演讲的种类	127
第三节	即兴演讲的技巧	133
第四节	演讲稿的撰写	137

第九章
实用演讲
146/

第一节	工作会议演讲	146
第二节	生活礼仪演讲	154
第三节	竞聘演讲	157

参考文献
164/

第一章 以美好的形象示人

第一节 态势语言

任务一

学会运用态势语表达感情。

读一读

案例1：

曾任央视《非常6+1》及《幸运52》节目主持人的李咏以他标志性的手势和动作、出位的发型和着装使亿万观众为之倾倒，有的观众将李咏体态语言中的一部分归纳为"搓手式"和"搬砖式"，可见体态语言在主持人整个传播过程中给观众留下了多么深刻的印象。凤凰卫视当家花旦陈鲁豫被誉为"天生一个访谈家"，她在节目中所表现出来的温和聆听的姿态，举手投足间真挚情感的流露，她的微笑，她的泪水，她双手合十抵在下巴睁大眼睛发出"天哪""真好"这些感叹时的真挚表情，她给落泪的嘉宾递纸巾这样的小动作，都会清晰地印在观众的脑海里，让我们记住了一个不卑不亢、亲和而不谄媚、富有责任感和同情心的有血有肉的主持人。

案例2：

1959年赫鲁晓夫访问完美国，在走上飞机舷梯时，为向美国人表示友谊，他做了一个将双手举过头顶鼓掌的手势。可这一手势使当时的许多美国人感到很不舒服，引起了不小的误会。因为把双手举过头鼓掌这一手势在俄罗斯人看来是友谊的象征，而在美国通常表示在战胜对手后骄傲、得意的意思，加之以前赫鲁晓夫曾说过要埋葬美国帝国主义的话,许多美国人认为:这种手势表示他好像已经取得胜利而洋洋得意。

 ## 议一议

1. 和周围的同学说说给你留下深刻印象的主持人。给你留下深刻印象的原因是什么?你的周围有哪些人因为动作、表情、仪态等原因给你留下了深刻的印象?
2. 案例2中赫鲁晓夫的经历给你什么样的启发?

 ## 学一学

一、什么是态势语

早在两千多年以前,一位古罗马的政治家、雄辩家说过这样的话:一切心理活动都伴随着指手画脚等动作。双目传神的面部表情尤其丰富,手势恰如人体的一种语言,这种语言甚至连最野蛮的人都能理解。

语言学家们认为,手势是人类进化历程中最早使用的交际工具,是先于有声语言的。

美国人类学家霍尔曾指出:"一个成功的交际者不但需要了解他人的有声语言,更重要的是能够观察他人的无声语言,并且能够在不同的场合使用这种信号。"据说我们在说话的时候,非语言因素占了93%。通常的比例为:38%来自于嗓音,55%来自于面部表情、手势和动作,只有7%的信息来自于实际讲话所使用的词语。从这里我们可以看出来,你的身体语言远比你实际所说的话重要。这种用表情、动作和姿势来进行思想交流、表情达意、传递信息的非语言符号就叫做态势语。态势语是一个系统,它由表情语言、体态语言、手势语言、仪表语言几部分组成。事实上,在语言交流中态势语无处不在。人们在日常的口语交际过程中总是以某种态势出现在他人面前。交流期间,如果态势语言运用得当,可以起到"此时无声胜有声"的效果;反之,如果态势语言使用不当的话,则会对语言表达效果产生消极的影响。

态势语以众多的不同造型,描摹着事物的复杂状态,传达着潜在的心声,披露着说话者心灵深处的微妙情感。态势语作为一个系统,只有各部分协调合作、相互配合,才能恰当地传情达意,有着很强的技巧性。

二、使用态势语的注意点

态势语的表达要受到有声言语的限制,不能"独立一体",更不能喧宾夺主。

(1)态势语的表达要建立在说话内容的基础上,符合知觉、注意、思维、情感过程的规律,如双手摊开分上、中、下三区,分别表示赞美、乞讨、无奈三种意义,应用时要视有声言语的内容而表现,不能随意组合,错误表达。

(2)态势语要自然真实。态势语的使用要与有声语言的内容、语调、响度、节奏相协调,与说话者或听话者的心态、情感相吻合。有的人说话时动作生硬、刻板如木偶;有的人说话时会表演,动作和姿势矫揉造作,让听者觉得不真实、缺乏诚意。人们在听讲的时候,能够接受自然的雅拙,但是排斥做作的乖巧。所以,态势语要能够表现说话的内容,前后连贯;不能太突然,不能与整体言语表达脱节。

(3)态势语要得体适度。态势语表达不能过多,要恰如其分,适度运用。有些人说话从头到尾一个劲地挥手、眨眼、抖腿,却不传递任何信息。说话时适度的重复动作是完全必要的,它往往能够重现或者强调原来的情绪;但如果总是重复一种动作,就会显得单调乏味、呆钝死板。得体的态势语是能够随着内容、情绪的变化适当地变换动作和姿态,达到动作和语言的协调的。

三、各种手势语的含义

同一个手势,在不同的国家、不同的文化背景中常常有着不同的含义。

下面是一些常见的手势语在不同文化中的含义:

(1)翘大拇指:在中国,上翘大拇指表示"好",用来称赞对方干得不错、了不起、高明,这个意思在世界上许多国家都是一样的。英美人大拇指上翘意为"It's good"或"It's OK",而大拇指下翘意为"It's bad"或"I don't agree it"。在一些国家大拇指上翘还有另外的意思。比如:在日本,它表示"男人""你的父亲""最高";在韩国,它表示"首领""自己的父亲""部长"和"队长";在澳大利亚、美国、墨西哥、荷兰等国,则表示"祈祷命运";到了法国、印度,在拦路搭车时可以使用这一手势;在尼日利亚,它又表示对远方亲人的问候;此外,一些国家还用这一手势指责对方"胡扯"。

(2)将拇指和食指弯曲合成圆圈,手心向前:这个手势在美国表示"OK",在日本表示钱,在拉丁美洲则表示下流低级的动作。英美人把大拇指和食指组成圆,其余三指伸直,意为"Excellent"。

(3)用食指点别人:这在欧美国家是很不礼貌的责骂人的动作。

(4)伸出食指:这个手势在美国表示让对方稍等,在法国表示请求对方回答问题,在缅甸表示请求、拜托,在新加坡表示最重要的,在澳大利亚则表示"请再来一杯啤酒"。

(5)伸出食指和中指做V字状:"V"是英文"victory"和法文"victore"(胜利)的第一个字母,因此在英国、法国、捷克等国此手势含有"胜利"之意。但在塞尔维亚语中这一手势代表"英雄气概",在荷兰语中则代表"自由"。

(6)食指弯曲:这一手势在中国表示"9";在日本表示小偷,特别是那些专门在商店里偷窃的人及其偷窃行为;在泰国、新加坡、马来西亚表示死亡;在墨西哥则表示钱或询问价格及数量的多少。

(7)将手掌向上伸开,不停地伸出手指:这个动作在英美国家是用来招呼人的,意即"Come here"。

(8)伸出中指:这个手势在法国、美国、新加坡表示"被激怒"和"极度不愉快",在墨西哥表示"不满",在澳大利亚、美国、突尼斯表示"侮辱",在法国表示"下流行为"。

(9)伸出小指:这个手势在日本表示女人、女孩子、恋人,在韩国表示妻子、女朋友,在菲律宾表示小个子、年轻或表示对方是小人物,在泰国、沙特阿拉伯表示朋友,在缅甸、印度表示要去厕所,在英国表示懦弱的男人,在美国、韩国、尼日利亚还可以表示打赌。

在使用手势语的时候要注意以下几点:

第一,在对象上,忌讳下对上使用。手势语主要是在平级之间或上级对下级、长辈对晚辈、主持者对参与者使用。下级对上级、晚辈对长辈或参与者对主持者使用手势语,一般只用于解释、说明口头语的内容,且幅度和频率都要加以控制,否则容易给人指手画脚、傲慢不恭的感觉。

第二,在指向上,忌讳对外多于对内。所谓指向,是指使用手势语时手指的朝向。使用手势语,手指应更多地指向自己,不宜过多地指向对方。手势向内一般会给人以谦慎平和的感觉,手势向外容易给人以居高临下、凌驾于人的感觉。

第三,在幅度上,忌讳超出一定范围。所谓幅度,是指使用手势语时手臂伸展的范围。使用手势语要特别注意把握幅度。与人并坐讲话时手不能伸到左右两边人的面前;与人面对面交谈,手势一般不要超过彼此距离的二分之一,否则就侵犯了对方的安全范围,令对方感到不安甚至反感。

第四,在频率上,忌讳过于频繁。使用手势语每分钟超过10次,就属于频率过高。

 练一练

请用态势语辅助有声语言表达下列内容:
1. 伟人们之所以看起来伟大,那是因为我们在跪着,站起来吧!
2. 天生我材必有用,千金散尽还复来!
3. 冬天已经来了,春天还会远吗?
4. 请让我们伸出友谊之手,扶一扶那些需要我们帮助的人!

 任务二

学会微笑。

 读一读

案例1:

20多年前,美国加州有一位6岁的小女孩,一次偶然的机会,她遇上一个陌生的路人,陌生人一下子给了她4万美元的现款。

一个小女孩在突然之间受到这么大金额的馈赠,消息一传出去,几乎整个加州为之疯狂、骚动起来。记者纷纷找上门来,访问这个小女孩:"小妹妹,你在路上遇到的那位陌生人,你认识他吗?""他是你的某一位远房亲戚吗?""他为什么会给你那么多的钱?4万美元啊,那是一笔很大的数目啊!""那位给你钱的先生,他是不是脑筋有点问题?"……小女孩露出甜美的微笑,回答:"不,我不认识他,他也不是我什么远房亲戚,我想……他脑筋应该也没有问题吧!为什么给我这么多钱,我也不知道啊……"尽管记者用尽一切方法追问,仍是完全无法一探究竟。

最后小女孩的邻居和家人试着用小女孩熟知的方法来引导她,要她回想一下,为何这个路人会给她这么多钱。这位小女孩努力地想了又想,大约过了10分钟,若有所悟地告诉她的父亲:"就在那一天,我刚好在外面玩,路上碰到这个人,当时我记得对着他露出微笑,就只有这样呀!"

父亲接着问道:"那么,对方有没有说什么话呢?"小女孩想了想,答道:"他好像说了句:'你天使般的微笑,化解了我多年的苦闷!'爸,什么是'苦闷'啊?"

原来这个路人是一个富豪,一个不是很快乐的有钱人。他脸上的表情一直是非常冷酷而严肃的,整个小镇上,根本没有人敢对着他笑。而当这位富豪突然遇到一个小女孩对着他露出真诚的微笑,心中不自觉地温暖了起来,甚至能够在当下将尘封不知多少年的紧闭心门打开来。

案例2:

浙江图书馆外面,有一段林荫道,那里经常有盲人在拉二胡讨"生活"。他们与普通乞丐不同,因为他们是付出劳动的。

有一天,一对夫妻模样的盲人在林荫路上演唱,歌是十多年前的《十五的月亮》《塞北的雪》,男的拉二胡,女的演唱。那二胡和歌声真的糟透了,不断地变调变声,难以入耳。但是他们十分执着,一首接着一首。入夏后的杭州,气温很高,他们的衣衫已经湿了,脸色通红。奇怪的是,在整个演唱过程中,他们的脸上一直挂着微笑。其实,很多人就是被这灿烂的微笑吸引住的,他们站在林荫下看着。

每当一曲表演完毕,两人的笑容会突然褪去,换上的表情是疲惫的、无助的,看了让人觉得痛苦。但是,只要男的二胡声一起,两人似乎充了电似的,马上换上笑容,一个拉得投入,一个唱得忘我,十分精神地表演着。

一个学者模样的路人给了他们5元钱,钱交到正在唱歌的女人手里,她马上感觉出来是5元钱,她在话筒里说了一声"谢谢",后面那句歌词正好是"军功章里,有你的一半,也有我的一半"。她加重了声音,面对着这位路人,仍是一脸笑容,像是用歌声向他表达谢意,这让过往的几个行人忍不住窃笑起来。

这个路人有些尴尬,迅速离开了。

等他回头再看,那几个路人也在掏钱给他们。那女的歌声更加高了,二胡的音量也高了许多。

盲人的眼睛看不见世界,但心是能感觉到的。他们把卖艺地点选择在图书馆外面,那是选对了地方。进出图书馆的人,多多少少是有点文化的。

那对盲人表演时的微笑以及不表演时的忧愁,给经过这里的行人留下了深刻的印象。

案例3:

美国电影《当幸福来敲门》的主角克里斯·加德纳事业不顺、生活潦倒,独自带着儿子艰难地生活,在事业屡屡受挫的情况下,他始终没有放弃希望。

有一次,他好不容易得到了一个面试机会,可因为前一天拖欠税款,被迫入狱。第二天获释的他唯一能做的就是赶到应聘的公司,可这时候他连一件像样的白衬衫都没有穿,他紧张极了。其中一位面试官问他:"像我们这样的公司,如果录用了一个连白衬衫也没穿的人,你会怎么想?"面对面试官异样的眼光,他微笑着说:"我想那人一定穿着一条漂亮的裤子。"这出乎意料的幽默,让全场人捧腹大笑。他见气氛稍稍缓和了下来,说:"在门口的时候,我曾经绞尽脑汁地想为今天的狼狈寻找借口,但是我还是想把真相告诉你们,我真的很需要这份工作,如果你能给我这个机会,我相信穿上白衬衫的我也一样会很帅。"所有的面试官都投来了满意的目光。后来,那个面试官告诉加德纳,正是那个微笑打动了他。

议一议

1. 如果是你,面对小女孩的微笑、演唱盲人的微笑,会有什么样的感觉?
2. 你有过因为微笑改变心态、窘态的经历吗?

学一学

一、微笑的价值

美国和英国的两个心理学研究所曾对毕业照进行了专门的研究,他们收集了5000张初中和高中全班同学的毕业合影照,从中确定了50000人。经过长达41年的跟踪调查,研究人员发现:从总体上看,那些面带善意的微笑和自信的笑脸的学生,到中年以后他们的事业成功率以及生活的幸福程度都远远高于那些面部表情不好、郁郁寡欢的人。

发育心理学家埃德·特洛尼克、杰夫·科恩和蒂法尼·菲尔德做过一个关于微笑以及弱化了的积极情感在亲子互动方面所扮演的角色的实验。实验人员要求母亲面无表情地待在婴儿身边,绝对不能微笑。孩子们在实验室里到处移动,当靠近玩具的时候,孩子会看看妈妈的脸,希望得到有关信号,确定什么东西是安全的、好玩的、值得探索的,同时确定哪些东西是最好不要去碰的。但妈妈只能坐在那儿,不能做出任何响应。实验结果令人震惊:在微笑枯竭的环境下,幼小的孩子不再探索环境,也不再靠近新奇的玩具,不再玩搭积木的游戏。孩子变得烦躁不安、精神失落、行为粗暴、大声哭闹,最后甚至疏远对自己的情况不再理睬的妈妈,拒绝目光接触,陷入无精打采、麻痹痴呆的精神状态。这种现象,对于成年人来说,尽管程度小很多,但情形是一样的。心理学家研究表明,当一个人发现他的朋友神情忧伤,互动得不到回应时,交际往往难以为继。

美国心理学家艾伯特·梅拉比安把人的感情表达效果总结为一个公式:感情的表达 = 语言(7%) + 声音(38%) + 表情(55%)。人的表情主要是通过眼神与微笑来传达的,因此,应该善用会说话的眼睛和世界上最美妙的语言——微笑,这将为你在人际交往中增色不少。美国钢铁大王卡耐基说:"微笑是一种奇怪的电波,它会使别人在不知不觉中同意你。"在一次盛大的宴会上,一个平时对卡耐基很有意见的商人在背地里大肆抨击卡耐基。当卡耐基站在人丛中听他高谈阔论时,他还不知道,这使得宴会主人尴尬,而卡耐基却安详地站着,脸上挂着微笑。等到他发现卡耐基时,感到非常难堪,正想从人丛中钻出去。卡耐基的脸上仍然堆着笑容,走上前去亲热地跟他握手,好像完全没听见他说自己坏话似的。后来此人成了卡耐基的好朋友。心理学家亚德洛有一次在美国中部一所大学演讲,那些学生本来存心想跟他过不去,但看到他脸上的笑容时,心里便产生了好感。等到他演讲完毕,全场响起热烈的掌声。一个学生塞给他一张纸条,上面写着:"亚德洛先生,你的微笑把我们征服了。"

微笑是最自然、最大方、最真诚、最友善的一种表情,甚至在全世界范围内都通用,以至于有人说"微笑是上帝送给每个人的最珍贵的礼物"。有人把微笑称为一种有效的"交际世界语",因为微笑里包含着理解和接纳,说明你内心愉快、充实满足、乐观向上、充满自信、不卑不亢、心底坦荡、善良友好、真心待人。

所以,在适当的场合中,只要你不吝微笑,往往就能左右逢源、顺心如意。

二、运用微笑的注意点

(1)要笑得自然。微笑是美好心灵的外观,微笑需要发自内心才能笑得自然,笑得亲切,笑得美好、得体。切记不能为笑而笑,没笑装笑。虚伪的假笑、牵强的冷笑都会令人感到别扭和反感。

(2)要笑得真诚。人对笑容的辨别力非常强,一个笑容代表什么意思,是否真诚,人的直觉都能敏锐判断出来。所以,微笑一定要是自己愉快心情的外露、纯真之情的表现。只有真诚的微笑才能让对方内心产生温暖,引起对方的共鸣,使之陶醉在欢乐之中,加深双方的友情。

(3)微笑要注意场合。对人微笑要分场合,如当你出席一个庄严的集会,或是去参加一个追悼会,或是讨论重大的政治问题时,微笑是很不合时宜,甚至招人厌恶的。因此,在微笑时,你一定要分清场合。不合时宜的微笑,会让人觉得你很让人讨厌。

(4)微笑的程度要适宜。微笑是向对方表示一种礼节和尊重,所以要讲究适度。微笑要有节制,如果在交际中自顾自地哈哈大笑,表情过于夸张,就会让对方觉得不自然、莫名其妙。所以,我们倡导多微笑,但不建议你时刻微笑。微笑要恰到好处,比如当对方看向你的时候,你可以直视他微笑点头。对方发表意见时,可以一边听一边不时微笑。如果不注意微笑程度,笑得放肆、过分、没有节制,就会有失身份,引起对方的反感。

(5)微笑要注意对方的个性特征和心境特点。如果交际的对象处于悲伤心境中,你应该收敛微笑,表示对对方的同情、关心;如果交际对象是一个性格内向、拘谨的人,你突如其来的笑,也会让对方感到拘谨不安。

三、微笑的训练方法

1. 对镜微笑训练法

这是一种常见、有效和最具形象趣味的训练方法。端坐镜前,衣装整洁,以轻松愉快的心情,呼吸自然顺畅,静心3秒钟,开始微笑:双唇轻闭,使嘴角微微翘起,面部肌肉舒展开来;同时注意眼神的配合,使之达到眉目舒展的微笑面容。如此反复多次。自我对镜微笑训练时间长度随意。为了使效果明显,可放较欢快的背景音乐。

2. 模拟微笑训练法

(1)轻合双唇。(2)两手食指伸出(其余四指自然并拢),指尖对接,放在嘴前15至20厘米处。(3)让两食指尖缓慢匀速分别向左右移动,使之拉开5至10厘米的距离。同时嘴唇随两食指移动速度而同步加大唇角的展开度,在意念中形成美丽的微笑,并让微笑停留数秒钟。(4)两食指再以缓慢匀速向中间靠拢,直至两食指相接;同时,微笑的唇角开始以两指移动的速度同步缓缓收回。需要提示的是,训练微笑缓缓收住,这很重要。切记不能让微笑突然停止。如此反复开合训练20至30次。

3. 情绪诱导法

情绪诱导就是设法寻求外界物的诱导、刺激,以求引起情绪的愉悦和兴奋,从而唤起微笑的方法。诸如,打开你喜欢的书页,翻看使你高兴的照片、画册,回想过去幸福生活的片断,放送你喜欢的、容易使自己快乐的乐曲等,以期在欣赏和回忆中引发快乐和微笑。有条件的,最好用摄像机摄录下来。

4. 记忆提取法

这是演员在训练中常采用的一种方法,也被称为"情绪记忆法"。就是将自己过去那些最愉快、最令人喜悦的情景,从记忆中唤醒,使这种情绪重新袭上心头,重享那惬意的微笑。

5. 观摩欣赏法

这是几个人凑在一起,互相观摩、议论,互相交流,互相鼓励,互相分享开心微笑的一种方法。也可以平时留心观察他人的微笑,把精彩的"镜头"留存在记忆中,时时模仿。

6. 意念法

这是一种已经有了微笑训练基础或者善于微笑的人,不用对镜或其他道具,而只用意念控制、驱动双唇,以求达到最佳微笑状态的训练法。这种方法好处很多。一是不必用镜子,二是可以随时随地、悄无声息地进行,三是培养微笑意识和微笑习惯。

以上方法可以配合使用,如对镜法和意念法,如果能与记忆提取法配合进行,效果尤佳。

7. 含箸法

这是日式训练法。道具是选用一根洁净、光滑的圆柱形筷子(不宜用一次性的简易木筷,以防拉破嘴唇),横放在嘴中,用牙轻轻咬住(含住),以观察微笑状态。但此法不易显示与观察双唇轻闭时的微笑状态。

8. 辅助法

辅助训练法的主要目的是训练面部及相关部位肌肉的活动灵活,使微笑起来更自然、美丽动人。

(1) 面部按摩:在面部轻涂一层护肤霜及面霜,从面庞的中央部分开始,向两边轻轻地按摩。一般10～15分钟即可。主要目的是训练面部肌肉的活动、舒展,并有面部皮肤保养作用,以期有助于微笑的美丽。

(2) 头颈部运动:首选是左右向位。站直或坐直,使颈部轻轻地左转—复位—右转—复位,再左转。如此反复多次。二是前后向位。即低头—复位—仰头,反复多次。三是轻缓地使颈部做旋转运动,反复多次。主要是使颈部肌肉活动灵活,这不仅对眼神训练和转体微笑有所助益,而且对健康亦有好处。

(3) 唱歌美容:专家认为唱歌可以美容,可以使面部的肌肉群发生有节奏的运动,有益于促进面部血液循环和营养的供应,增强面部组织细胞的活力,从而使面容增色且富有弹性。心理学家认为唱歌可以调整人们的情绪,可以治病。经常唱歌,不论是大声唱还是小声唱,对面部肌肉的活动和调节情绪都有好处,对微笑训练也会有好处。既然如此,从微笑训练角度出发,最好在唱歌之前和之后,都不要忘记微笑一下。

(4) 咀嚼、鼓腮、漱口:经常有意无意地重复这些动作,于皮肤健康和微笑训练都是有益的。

微笑和眼神是无声语言,传递的是情感和信息。在社交场合下,特别是有关行业的从业人员的微笑与眼神,都必须合乎礼仪规范的要求。

 练一练

1. 在校园中对迎面而来的老师、同学温柔、自然地微笑,看看会有什么样的结果。
2. 如果你的同学和你发生矛盾,记着不要发火,只是对着他(或她)微笑,看看会有什么奇迹发生。

任务三

学会运用眼神。

读一读

孟子曰:"存乎人者,莫良于眸子。眸子不能掩其恶。胸中正,则眸子瞭焉;胸中不正,则眸子眊焉。听其言也,观其眸子,人焉廋哉?"(选自《孟子·离娄上》)意思是说:"观察一个人,最好莫过于观察他的眼睛。因为眼睛掩盖不了一个人内心的丑恶。心地光明正大,眼睛就会明亮;心地不光明正大,眼睛就灰暗无神。听一个人讲话的时候,注意观察他的眼神,这个人(的美与丑)怎么能够隐匿起来呢?"

印度诗人泰戈尔说:"学会了眼睛的语言,在表情达意上是无穷无尽的。"

在古希腊神话中,有姐妹三怪人,外人只要一接触其中一位名叫梅德莎的眼光,便立刻化为石头。

美国的第四十任总统里根出身演员,拥有高超的表演技巧,每次演讲他都能充分运用目光语。他的目光有时像聚光灯,聚集到全场的某一点上;有时则像探照灯,扫遍全场。因此有人评价他的目光语是一台"征服一切的戏"。

议一议

心理学家在一次试验中,让两个互不相识的女大学生共同讨论问题。预先对其中一个说,她的交往对象是个研究生;同时,却告诉另外一个人说,她的交往对象是一个打工仔。结果,被告知交往对象是个研究生的女学生,在交谈过程中,眼光始终很少注视对方;而自以为身份比交往对象高的女学生,在交往过程中目光始终自信地注视着对方。请说说为什么会出现这样的情况?

学一学

一、眼神运用在交际中的作用

常言道:眼睛是心灵的窗户。人的眼睛有万条神经连接大脑,它们是大脑从外部获得信息的渠道,同时又受着大脑的反馈控制,即反映着大脑的工作情况,人的所有秘密又都可在瞳孔的变化中反映出来。当人的情绪和态度发生变化时,瞳孔会随之扩大或缩小。在极度恐慌和极度兴奋时,瞳孔甚至可能比常态扩大四倍以上。反之,在悲伤或态度消极时,瞳孔又会缩小许多。

第一章 以美好的形象示人

研究表明，人类是一种视觉动物，从医学角度看，眼睛是人们了解客观世界的重要器官，是人类五官（视觉器官、听觉器官、嗅觉器官、味觉器官和触觉器官）中最灵敏的，其感觉领域几乎涵盖了所有感觉的70%以上。同时它也是反映主观世界的一面镜子，眼睛的清浊如何，也折射出人的心理活动情况。经常睡眼惺忪的人，看起来就是一副傻相；而眼睛雪亮、目光炯炯的人，自然显得聪明伶俐。再者，透过人的视线，更能窥知人的内心活动。人们在社会生活中，如果内心有什么欲望或情感，必然会表露于眼神上。因此，如何透过视线的活动了解他人的心态，对人与人之间在交往中的心理沟通，具有重要意义。

了解眼语，对于把握交际对方的内心世界有很多的作用。人的眼神千变万化，无穷无尽，把握和理解眼神，可以从以下几个方面来进行：

（1）在言谈中，注视对方，表示让对方注意自己所谈的内容；
（2）初次见面时，先移开视线者，表示希望己方处于优势地位；
（3）被对方注视时，便立刻移开视线者，大都有自卑感或缺陷；
（4）看异性一眼后，随即故意移开视线者，表示对对方有着强烈的兴趣；
（5）斜眼看对方者，表示对对方非常有兴趣，但又不想让对方识破；
（6）翻眼看人者，表示对对方存有尊敬与信赖；
（7）俯视对方者，想显示对对方的一种威严；
（8）视线不集中在对方，很快移开视线者，大都为性格内向者。

二、运用眼神的注意点

要想获得交际的成功，要学会使用眼神。

（1）当你与一群人交流时最好与倾听者有直接眼神接触。但是不要只盯着一个人看，否则会使得其他人停止听你的讲话。为了避免只盯着一个人，可以尝试在每一个新句子的开头将眼神朝向不同的人。这样你就会照顾到所有人，并且使他们能保持对你谈话的兴趣。

（2）与一个人交流时保持眼神交流是很好的事情，但是如果一直盯着别人会使他感到不自在，从而想尽快结束与你的谈话。为了避免这种情形，最好每隔5秒打断一下眼神交流。但不要往下看，往下看会暗示对方你想结束这场谈话。可以向上看或者向旁边看，就好像你想起了什么事情。现在就试试：不要移动你的头，想象你第一次上学的时候。你会注意到，当你想事情的时候，你的眼球会向上移动或者向两边移动。所以，当你的听众看到你这样的眼神时，他们会认为你正在思考，并保持对你的兴趣。

（3）当你听某个人讲话的时候，如果直直地盯着别人，就会使得他们不想再说下去。当你倾听时，看着对方的一侧眼睛，过5秒钟，视线移向另一侧眼睛，再过5秒钟，移向嘴，如此保持三角形的路线移动。同时，还有一个技巧就是点头，适当地说"是的""对""嗯"等。这样对方就会感到你对他的谈话内容很有兴趣，就会愿意与你交谈并对你留下

很好的印象。

(4) 与人争辩本身有很多技巧,如果你想要在一场争辩中保持有利地位,眼神的威力不可忽视。如果眼神用得好,不说话也可以说服对方。如果你在争辩中眼睛盯着别处,那么已经输了一半了。总的来说,要保持你的目光注视对方,眼中透着坚定。当对方说话时,也要注视对方,与对方眼神接触,观察他的语调、神色。如果对方想激怒你,则保持沉默,用眼睛注视对方,这是一种不用说一个字也能赢的有效途径。

(5) 当你想吸引某个人的注意力,并且表现你对他有兴趣时,你可以用眼睛来说话与倾听。当对方说话时,看着他的眼睛,倾听他说了什么,适当的时候微笑,适当的时候抬起你的眉毛。微笑是一个很好的方法,告诉对方你很感兴趣。这样,你就可以不只是用语言与对方交流,更是在用心灵的窗口——眼睛与对方交流,而这种交流一定直入对方内心深处,让他们感受你所感受的。

三、演讲时使用眼神的方法

如果你是要去进行一次演讲,可以运用以下的眼神:

1. 前视法

前视法就是演讲者视线平直向前弧形流转,立足听众席的中心线,以此为中心弧形照顾两边,直到视线落到最后的听众头上,视线推进时不要匀速,要按语句有节奏进行,要顾及坐在偏僻角落的听众。

2. 环视法

环视法就是有节奏或周期地把视线从听众的左方扫到右方,从右方扫到左方,或从前排扫到后排,从后排扫到前排。视线每走一步都是弧形,弧形又构成一个整体——环形。这种方法要注意中间的过渡,由于视线的跨度大,演讲时要注意眼神的衔接。这种方法主要用于感情浓烈、场面较大的演讲。

3. 侧视法

侧视法运用的是"Z"形或"S"形视线。此法在演讲中用得较多。

4. 点视法

点视法是指表达者的视线有重点地观察个别听众或会场的某个角落,用目光与之交流。点视法在不同场合可以起到不同的作用:在观众中找一两张快乐友善的脸,运用点视法可以起到启发、引导的作用;在特殊的情感处理或观众出现不良反应时,可大胆运用此法,此法对制止听众的骚动情绪有很好效果。

5. 虚视法

虚视法即"眼中无听众,心中有听众"。这种方法在演讲中使用频率很高,尤其是初上场的演讲者可以用它来克服自己的紧张与分神的毛病,而不至于使自己看到台下那火辣辣的眼神而害怕。这种方法还可以用来表示演讲时的愤怒、悲伤、怀疑等感情。

6. 闭目法

人的眨眼一般是每分钟五至八次,如果眨眼时间超过一秒钟就成了闭眼。演讲中讲到英雄人物英勇就义,演讲者和听众极度紧张,心情难以平静时,可运用此法。

7. 仰视法和俯视法

在演讲时不要老是注意听众,可以根据内容运用仰视和俯视,如表示长者对后辈的爱护、怜悯与宽容时可把视线向下,表示尊敬、撒娇或思索、回忆时可视线向上。

要特别说明的是:视线的运用往往是各种方法综合考虑、交互使用的,同时要按照内容的需要,踏着感情的节拍,配合有声语言和手势、身姿等立体进行,协同体现。

练一练

1. 请选择一个合适的场合和时机,尝试眼神运用方法中的一种,记录下运用的结果。
2. 记录下那些因为眼神温暖你的记忆或者给你以教训的记忆:_____
_____
_____
_____

任务四

学会站和坐。

读一读

案例1:

旅游管理专业的小薇形象可人、声音甜美。在某公司组织的招聘会上,她很顺利地通过了初试。大家都觉得哪怕就是选一个人,也必定非小薇莫属。然而,出人意料的是,小薇竟然在面试环节被淘汰了。原因是:穿了短裙的小薇,在面试官面前坐下来的时候,习惯性地跷起了二郎腿。

案例2:

小张大学四年每年都拿一等奖学金,大学毕业的时候,在一场招聘会上,因为站相不好,被人拒之门外;后来,小张家里托亲拜友,终于让他在一所学校觅得一个教师岗位,小张非常珍惜这个机会,工作也很努力,得到了领导、同事和学生的一致好评。市里举行一次优质课比赛,学校有一个参赛的名额,小张心想,自己一定可以争取到这个机会。但是,最终小张还是与这个机会失之交臂了,原因还是出在自己的站姿上。大家都说,小张的站姿会影响比赛的成绩。

 议一议

1. 看了这两则案例你有何感想？
2. 常言道：站有站相，坐有坐相。你觉得哪些坐姿、站姿不恰当？

 学一学

一、什么是"姿态语"

看过哑剧表演的人都知道人类无声的动作具有丰富的内涵。德国表演大师吉布·佩森在一次谈演出体会时说："我就靠我的动作、姿态向人们昭示我的内心世界，昭示我的所思所想，昭示我的喜怒哀乐。"这些动作、姿态就是姿态语言。姿态语就是人们通过坐、立等姿势的变化表达语言信息的"体语"。姿态语可表达自信、乐观、豁达、庄重、矜持、积极向上、感兴趣、尊敬等或与其相反的语义。人的动作与姿态是人的思想感情和文化教养的外在体现。

坐姿是一种可以维持较长时间的工作劳动姿势，也是一种主要的休息姿势，更是人们在社交、娱乐中的主要身体姿势。良好的坐姿不仅有利于健康，而且能塑造沉着、稳重、文雅、端庄的个人形象。

站姿是生活静态造型的动作，优美、典雅的站姿是发展人的质感美、动态美的起点和基础，能衬托一个人美好的气质和风度。

二、坐和站的注意点

1. 坐姿

想要坐得好看，要注意做到以下几点：

（1）目光平视前方或注视交谈对象。

（2）身体端正舒展，重心垂直向下或稍向前倾，腰背挺直，臀部占座椅面的2/3。

（3）双膝并拢或微微分开，双脚并齐。

（4）两手可自然放于腿上或椅子的扶手上。

除基本坐姿以外，由于双腿位置的改变，也可形成多种优美的坐姿，如双腿平行斜放，两脚前后相掖，或两脚呈小八字形等，都能给人舒适优雅的感觉。如要架腿，最好后于别人交叠双腿，女子一般不架腿。无论哪种坐姿，都应保证腰背挺直，女性还要特别注意使双膝并拢。

2. 站姿

想要站得好看,需要做到以下几点:

(1)身体舒展直立,重心线穿过脊柱,落在两腿中间,足弓稍偏前处,并尽量上提。

(2)精神饱满,面带微笑,双目平视,目光柔和有神,自然亲切。

(3)脖子伸直,头向上顶,下颚略回收。

(4)挺胸收腹,略为收臀。

(5)双肩后张下沉,两臂于裤缝两侧自然下垂,手指自然弯曲,或双手轻松自然地在体前交叉相握。

(6)两腿肌肉收紧直立,膝部放松。女性站立时,脚跟相靠,脚尖分开约45度,呈"V"型;男性站立时,双脚可略微分开,但不能超过肩宽。

站姿礼仪

由于日常活动的不同需要,我们也可采用其他一些站立姿势。这些姿势与标准站姿的区别主要通过手和腿脚的动作变化体现出来。例如,女性单独在公众面前或登台亮相时,两脚呈丁字步站立,显得更加苗条、优雅。需要注意的是,这些站立姿势必须以标准站姿为基础,与具体环境相配合,才会显得美观大方。

3. 演讲者站姿

作为年轻人,都要面临应聘这一关,应聘又常常会经历演讲这一关。演讲时首先要注意自己的站姿,争取给人留下一种精神饱满、胸有成竹的好印象。著名演讲家曲啸曾在介绍演讲经验时说:"演讲者的体态、风貌、举止、表情都应给听众以协调的平衡的至美的感受。要想从语言、气质、神态、感情、意志、气魄等方面充分地表现出演讲者的特点,也只有在站立的情况下才有可能。"

(1) 演讲者站姿规范如下：
① 脊椎、后背挺直。
② 两肩放松，重心主要支撑脚掌脚弓上。
③ 挺胸，收腹，精神饱满，气息下沉。
④ 脚应绷直，稳定重心位置。
(2) 演讲站姿有以下几种：
① 前进式：这是演讲者用得最多，使用最灵活的一种站姿。右脚在前，左脚在后，前脚脚尖指向正前方或稍向外侧斜，两脚延长线的夹角成45度左右，脚跟距离在15厘米左右。这种姿势重心没有固定，可以随着上身前倾与后移的变化而分别固定在前脚跟与后脚上，这样就不会因时间长而身体无变化不美观。另外，前进式能使手势动作灵活多变，上身可前可后，可左可右，还可转动，这样能让手做出不同的姿势，表达出不同的感情。
② 稍息式：一只脚自然站立，另一只脚向前迈出半步，两脚跟之间相距约12厘米，两脚之间形成75度夹角。运用这种姿势，形象比较单一，重心总是落在后脚上，一般适用于长时间站着演讲中的短期更换姿势，使身体在短时间里松弛，得到休息。不宜长时间单独使用，因为它给人一种不严肃之感。
③ 自然式：两脚自然分开，平行相距约20厘米为宜。
此外还有立正式、丁字式等。

练一练

1. 背墙站立，脚跟、小腿、臀部、双肩和头部靠着墙壁，以训练整个身体的控制能力。
2. 在两大腿间夹上一张纸，保持纸不松、不掉，以训练腿部的控制能力。
3. 站好后，在头上顶一本书，努力保持书在头上的稳定性，以训练头部的控制能力。

第二节 学会使用仪表语言

任务

学会设计自己的外在形象。

读一读

案例 1:

有人做过这样两个实验:

实验一:实验者在城市中多次违反交通信号穿过马路。当他穿着西装时,跟在他后面乱穿马路的人数是当他穿衬衫和长裤违反交通信号穿越马路时的3.5倍。

实验二:实验者在街上拦住一个人,然后指着另一位实验者,说:"你看到几米外的那个家伙了吗?他停车超时了,没有零钱,你给他一美分吧!"说完这位实验者就离开了。那位所谓的"几米外的那个家伙"也是实验的一部分。当第一位实验者身穿制服(比如,保安制服)时,大多数人都会遵照指示去给另一个人一点钱来付停车费。而当他穿普通的休闲服装时,这样做的人不足一半。

案例 2:

某公司到一所五年制高等职业学校的文秘专业班挑选文秘人员,其中肖斌、洪涛两位同学通过了笔试,进入面试环节。面试这一天,肖斌穿着牛仔裤、T恤和一双跑鞋,洪涛则穿了一身正装参加面试。结果,洪涛被选中了。肖斌对结果很不服气,因为在面试答辩环节,洪涛有一道题目答得不太流畅。对此,老板的回答是:原因在你的穿着上。

议一议

1. 读了案例1,你有何感想?
2. 案例2给了你什么样的启发?你觉得肖斌的穿着存在什么问题?进入面试的如果是你,你会怎样穿着?

学一学

一、穿着的价值

心理学研究表明：人们总是倾向于和那些外貌漂亮、英俊潇洒、气质非凡的人交往，甚至更渴望与这样的人建立友谊、成为朋友。在交往中，往往这样的人更能够给人安全感，让人觉得他们更可亲、更可爱、更可信。一个人的身材长相是由先天决定的，我们可能没有英俊的长相，但是我们可以通过后天来改变自己的外表和气质。服饰本无声，但是很多时候一身得体的穿着常常能起到"此时无声胜有声"的交际效果。因为一个人的服饰透露出一个人的心理，反映出一个人的爱好和品位。

服饰是人体的外延，包括衣、帽、鞋、袜以及手表、首饰等饰物。服饰原始的意义是用来防寒保暖的，随着生产的发展和社会的进步，服饰已经不再仅仅是一种生活必需品。人们利用服饰来装饰自己、塑造自己、美化自己，从而改变自己的原有形象，提升自己的社交成功率。

那么，我们该如何穿着，在着装方面是否存在一定的礼仪规范？穿着要想得体，我们必须了解并遵守着装和佩戴饰物的原则，懂得着装和佩戴饰物的礼仪规范。

（一）着装和佩戴饰物的原则

1. TOP 原则

TOP 是三个英语单词的缩写，它们分别代表时间（Time）、场合（Occasion）和地点（Place），即着装应该与当时的时间、所处的场合和地点相协调。

场合原则：衣着要与场合协调。与顾客会谈、参加正式会议等，衣着应庄重考究；听音乐会或看芭蕾舞，则应按惯例着正装；出席正式宴会时，则应穿正装或礼服，如西装、旗袍等；而在朋友聚会、郊游等场合，着装应轻便舒适。试想一下，如果大家都穿便装，你却穿礼服就有欠轻松；同样的，如果以便装出席正式宴会，不但是对宴会主人的不尊重，也会令自己颇觉尴尬。

时间原则：不同时段的着装规则对女士尤其重要。男士有一套质地上乘的深色西装或中山装足以包打天下，而女士的着装则要随时间而变换。白天工作时，女士应穿着正式套装，以体现职业性；晚上如出席鸡尾酒会就须多加一些修饰，如换一双高跟鞋，戴上有光泽的佩饰，围一条漂亮的丝巾。服装的选择还要适合季节气候特点，保持与潮流大势同步。

地点原则：在自己家里接待客人，可以穿着舒适但整洁的休闲服；如果是去公司或单位拜访，穿职业套装会显得专业；外出时要顾及当地的传统和风俗习惯，如去教堂或寺庙等场所，不能穿过露或过短的服装。

2. 和谐得体原则

和谐得体原则是指服饰必须与自己的性别、年龄、形体、肤色、脸型、职业等相互协调。

只有充分地认识自身的具体条件,一切从实际出发来进行穿着打扮,才能达到扬长避短,美化自己的目的。

(二)着装与佩戴饰物的礼仪

穿衣是"形象工程"的大事。西方的服装设计大师认为:"服装不能造出完人,但是第一印象的80%来自于着装。"对如何穿着,有一些基本的要求:

一是要做到整洁合体。保持干净整洁,熨烫平整,穿着合体,纽扣齐全。

二是要注意搭配协调。款式、色彩、佩饰相互协调,不同款式、风格的服装,不应搭配在一起。

三是能体现个性。着装应与个人性格、职业、身份、体形和肤色等特质相适应。

四是要随境而变。着装应该随着环境的不同而有所变化。同一个人在不同时间、不同场合,其着装款式和风格也应有所不同。

五是要遵守常规。着装要遵循约定俗成的着装规矩。如:西装应在拆除袖口上的商标之后才可以穿着,西装外袋不应存放随身物件。

1. 男士着装

在正式的场合,比如重要会议和会谈、庄重的仪式以及正式宴请等场合,男士一般以西装为正装。一套完整的西装包括上衣、西裤、衬衫、领带、腰带、袜子和皮鞋。

西装可分为工作用的西装、礼服用的西装、休闲用的西装等,对一般人来说,同样一套西装配上不同衬衫、领带,差不多就可以每天穿着并应付多数的交际活动了。在各种类别的服装中,男子穿西装的讲究最多,因此,下面着重介绍一下这方面的常识。

(1)西装款式与场合。现在男子常穿的西装有两大类,一类是平驳领、圆角下摆的单排扣西装,另一类是枪驳领、方角下摆的双排扣西装。另外西装还有套装(正装)和单件上装(简装)的区别。套装要求上下装面料、色彩一致,这种两件套西装再加上同色同料的背心(马甲)就成为三件套西装。套装如作正式交际场合的礼服用,色调应比较深,最好用毛料制作。在半正式交际场合,如在办公室参加一般性的会见,可穿色调比较浅一些的西装。在非正式场合,如外出游玩、购物等,最好是穿单件的上装,配以其他色调和面料的裤子。

(2)西装穿着要领。穿双排扣的西装一般应将纽扣都扣上。穿单排扣的西装,如是两粒扣的只扣上面的一粒,三粒扣的则扣中间的一粒。在一些非正式场合,可以不扣纽扣。穿西装时衬衫袖口一定要扣上。西装的驳领上通常有一只扣眼,这叫插花眼,是参加婚礼、葬礼或出席盛大宴会、典礼时用来插鲜花用的,在我国人们一般无此习惯。西装的衣袋和裤袋里不宜放太多的东西,最好将东西放在西装左右两侧的内袋里。西装的左胸外面有个口袋,这是用来放手帕的。

(3)西装与衬衫。穿西装时,衬衫袖应比西装袖长出1~2厘米,衬衫领应高出西装领1厘米左右。衬衫下摆必须扎进裤内。若不系领带,衬衫的领口应敞开。在正式交际场合,衬衫的颜色最好是白色的。

（4）西装与领带。领带是西装的灵魂。凡是参加正式交际活动,穿西装就应系领带。领带长度以到皮带扣处为宜。如穿马甲或毛衣时,领带应放在它们后面。领带夹一般夹在衬衫的第四五个纽扣之间。

（5）西装与鞋袜。穿西装时不宜穿布鞋、凉鞋或旅游鞋。庄重的西装要配深褐色或黑色的皮鞋。袜子的颜色应比西装深一些,花色要尽可能朴素大方。

2. 女士着装

女士着装以整洁美观、稳重大方、协调高雅为总原则,服饰色彩、款式、大小应与自身的年龄、气质、肤色、体态、发型和拟聘职业相协调、相一致。

女士服装首先要得体。女士职场服装一般以西装、套裙为宜,这是最通用、最稳妥的着装。不论年龄,一套剪裁合体的西装、套裙和一件配色的衬衣或罩衫外加相配的小饰物,会使你看起来优雅而自信,会给对方留下良好的印象。切忌穿太紧、太透和太露的衣服。袒胸露背一般是西方女士参加社交活动的传统着装,但不符合我国的国情。不要穿超短裙（裤）,不要穿领口过低的衣服。夏天,内衣（裤）颜色应与外套协调一致,避免透出颜色和轮廓,否则,会让人感到不庄重、不雅致,也给人轻佻之感,这是女性职场着装之大忌。大量的求职实践表明,不论是应聘何种职业,保守穿着的人会被视为有潜力的候选人,会比穿着开放的求职者更容易被录用。不同的职业对穿着的要求也有不同的要求。比如在应聘的过程中,谋求公关、秘书职位的女性穿黄色服装就容易被主试人接受,因为黄色通常表现出丰富的幻想力和追求自我满足的心理。红色能显示人的个性好动而外向,主观意识较为强烈而且有较强的表现欲望,这种颜色感染力强,容易打动主试人,令他振奋,使他印象深刻。不过,女装应该避开粉红色,这种颜色往往给人以轻浮、圆滑、虚荣的印象。

女士如何穿鞋也有学问,总的原则是应和整体相协调,在颜色和款式上与服装相配。长而尖的高跟鞋虽然很时尚,却不被职场接受。中跟鞋是职场女性的最佳选择,既结实又能体现职业女性的尊严。设计新颖的靴子也会显得自信而得体。但穿靴子时,应该注意裙子的下摆要长于靴端。

丝袜脱丝是女性朋友的一个常见烦恼,但职场穿袜子绝对不能脱丝。时装设计师们都认为,肉色对于商界着装是最适合的。为保险起见,你应在包里放一双备用。另外,不论你的腿有多漂亮,都不应在办公场所露着光腿。

对于职场女性,化妆一定要坚持素淡的原则,切不可浓妆艳抹。

饰品也是职场女性必备之物。但是,女性一定要注意饰物的搭配问题,只有合适的饰物才会增强女性的风采。

（1）公文包或手提小包。包带一个即可,不要两个都带。在多数面试场合,携带公文包比手提小包体现出更多的权威。你可以把手提包的基本内容放进一个无带小提包里,然后把它装进公文包内,但不要将包塞得满满的。如果你个子较矮小,包则不宜过大,否则会极不协调。

（2）帽子。不管你是否戴帽子,对此你必须持谨慎态度。假如你的帽子与你全身很相配,就请选择一顶既无饰边也不艳丽却很雅致的帽子。一般有面纱的松软宽边的法式帽子在生意场上易使人心烦。

（3）首饰。首饰尽量少戴。戴首饰的重要原则是:少则美。戴戒指的话,一定不能每个手指都戴。拇指戒指也不被国人接受。耳环应当小巧且不引人注目。戴的耳环不要过长,以免发出叮当的声响或者触及脖颈,甚至挂到衣服上。朴实无华的项链最好,不要戴假珍珠或看起来很华丽的人造珠宝。令人喜爱的手镯是完全可以接受的,但镯子上的小饰物应当避免。

（4）眼镜。眼镜会使一些人外表增色,也可能使一些人显得不协调。尽量选择适合自己的镜框,式样以简洁为好。另外,办公场所千万不可戴太阳镜（护目镜）,当然更不能戴反光镜。

（5）围巾。一条漂亮的围巾有画龙点睛的妙用。一些女士喜欢蓝灰色服装,但穿蓝灰色衣服往往会使面部发暗,如果配上一条色彩浓郁、风格热烈的丝质围巾,就能达到生气勃勃的效果。如果穿一套藏青色的西服,应围一条纯白的围巾,既能显托红唇黑眸,又能保持藏青色清爽如水的气质,衬托出女性的敏捷和果断。另有一些女青年,喜欢穿银灰色的衣服。银灰色是高雅大方的色彩,但若围巾搭配不当,便会显得呆板平淡。

（6）丝巾。丝巾飘逸清秀的特点最能烘托出女性的美,但选择丝巾时一定要注意与衣服的协调搭配。如花色丝巾可配素色衣服,而素色丝巾则适合艳丽的服装。

练一练

1. 假设你要去竞聘一个秘书的岗位,你会怎样穿着?
2. 小张是一个身高一米七五的二十五岁男生,要跟着老板去参加一个商务会谈,请给他设计一套参加会谈的服装。

第二章 口语表达的基础

第一节 了解声音

任务一

了解声音。

读一读

1. 读一读贯口《报菜名》

有蒸羊羔儿、蒸熊掌、蒸鹿尾儿、烧花鸭、烧雏鸡、烧子鹅、炉猪、炉鸭、酱鸡、腊肉、松花、小肚儿、晾肉、香肠儿、什锦苏盘儿、熏鸡白肚儿、清蒸八宝猪、江米酿鸭子、罐儿野鸡、罐儿鹌鹑、卤什件儿、卤子鹅、山鸡、兔脯、菜蟒、银鱼、清蒸哈什蚂、烩鸭腰儿、烤鸭条、清拌腰丝儿、黄心管儿、焖白鳝、焖黄鳝、豆豉鲇鱼、锅烧鲤鱼、烀烂甲鱼、抓炒鲤鱼、抓炒对虾、软炸里脊、软炸鸡、什锦套肠儿、卤煮寒鸦儿、麻酥油卷儿、熘鲜蘑、熘鱼脯、熘鱼肚、熘鱼片儿、醋烟肉片儿、烟三鲜儿、烟鸽子蛋、熘白蘑、熘什件儿、炒银丝儿、烟刀鱼、清蒸火腿、炒白虾、炝青蛤、炒面鱼、炝竹笋、芙蓉燕菜、炒虾仁儿、熘腰花儿、烩海参、炒蹄筋儿、锅烧海参、锅烧白菜、炸木耳、炒肝尖儿、桂花翅子、清蒸翅子、炸飞禽、炸汁儿、炸排骨、清蒸江瑶柱、糖熘芡仁米、拌鸡丝、拌肚丝、什锦豆腐、什锦丁儿、糟鸭、糟熘鱼片、熘蟹肉、炒蟹肉、烩蟹肉、清拌蟹肉、蒸南瓜、酿倭瓜、炒丝瓜、酿冬瓜、烟鸭掌儿、焖鸭掌儿、焖笋、炝茭白、茄子晒炉肉、鸭羹、蟹肉羹、鸡血汤、三鲜木樨汤、红丸子、白丸子、南煎丸子、四喜丸子、三鲜丸子、氽丸子、鲜虾丸子、鱼脯丸子、饹炸丸子、豆腐丸子、樱桃肉、马牙肉、米粉肉、一品肉、栗子肉、坛子肉、红焖肉、黄焖肉、酱豆腐肉、晒炉肉、炖肉、黏糊肉、烀肉、扣肉、松肉、罐儿肉、烧肉、大肉、烤肉、白肉、红肘子、白肘子、熏肘子、水晶肘子、蜜蜡肘子、锅烧肘子、扒肘条、炖羊肉、酱羊肉、烧羊肉、烤羊肉、清蒸羊肉、五香羊肉、氽三样儿、爆三样儿、炸卷果儿、烩散丹、烩酸燕儿、烩银丝儿、烩白杂碎、氽节子、烩节子、炸绣球、三鲜鱼翅、栗子鸡、氽鲤鱼、酱汁鲫鱼、活钻鲤鱼、板鸭、筒子鸡、烩脐肚、烩南荠、爆肚仁儿、盐水肘花儿、锅烧猪蹄儿、拌粮子、炖吊子、烧肝尖儿、烧肥肠儿、烧心、烧肺、烧紫盖儿、烧连帖、烧宝盖儿、油炸肺、酱瓜丝儿、山鸡丁儿、拌海蜇、龙须菜、炝冬笋、玉兰片、烧鸳鸯、烧鱼头、烧槟子、烧百合、炸豆腐、炸面筋、炸软巾、糖熘饹儿、拔丝山药、糖焖莲子、酿山药、杏仁儿酪、小炒螃蟹、氽大甲、炒荤素儿、什锦葛仙米、鳎目鱼、八代鱼、海鲫鱼、黄花鱼、鲥鱼、带鱼、扒海参、扒燕窝、扒鸡腿儿、扒鸡块儿、扒肉、扒面筋、扒三样儿、油泼肉、酱泼肉、炒虾黄、熘蟹黄、炒子蟹、炸子蟹、佛手海参、炸烹儿、炒艻子米、奶汤、翅子汤、三丝汤、熏斑鸠、卤斑鸠、海白米、烩腰丁儿、火烧慈姑、炸鹿尾儿、焖鱼头、拌皮渣儿、氽肥肠儿、炸紫盖儿、鸡丝豆苗、十二台菜、汤羊、鹿肉、驼峰、鹿大哈、插根儿、炸花件儿、清拌粉皮儿、炝莴笋、烹芽韭、木樨菜、烹丁香、烹大肉、烹白肉、麻辣野鸡、烩酸蕾、熘脊髓、咸肉丝儿、白肉丝儿、荸荠一品锅、素炝春不老、清焖莲子、酸黄菜、烧萝卜、脂油雪花儿菜、烩银耳、炒银枝儿、八宝榛子酱、黄鱼锅子、白菜锅子、什锦锅子、汤圆锅子、菊花锅子、杂烩锅子、煮饽饽锅子、肉丁辣酱、炒肉丝、炒肉片儿、烩酸菜、烩白菜、烩豌豆、焖扁豆、氽毛豆、炒豇豆，外加腌苤蓝丝儿。

2. 读一读绕口令《满天星》

天上看，满天星；

地下看，有个坑；

坑里看，有盘冰。

坑外长着一老松，松上落着一只鹰，

松下坐着一老僧，僧前放着一部经，

经前点着一盏灯，墙上钉着一根钉，

钉上挂着一张弓。说刮风，就刮风，

刮得男女老少难把眼睛睁。

刮散了天上的星，刮平了地的坑，

刮化了坑里的冰，刮倒了坑外的松，

刮飞了松上的鹰，刮走了松下的僧，

刮乱了僧前的经，刮灭了经前的灯，

刮掉了墙上的钉，刮翻了钉上的弓。

议一议

两同桌为一组评议一下朗读的情况，并说说朗读时的感受。

学一学

美国心理学家艾伯特·梅拉比安的一项实验结果表明,在感情的表达过程中,感情表达是否能够成功,38%取决于声音好不好听。

一、发音器官

语音是人的发音器官发出来的,发音器官活动的部位和方法不同,都会产生不同的声音。人的发音器官包括呼吸器官、发声器官和共鸣器官三大部分。下面,我们一起来观察、了解《发声器官和共鸣器官图》:

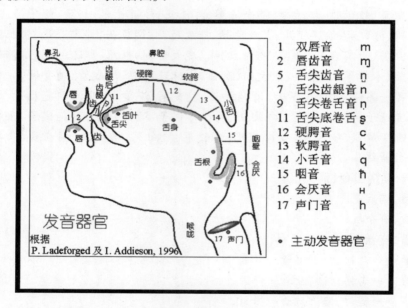

有人把发音器官比喻成一架管风琴。肺是风箱,又是提供发声的原动力。气流从肺中自下而上通过气管上升到喉头,声音就由喉头产生。当人们呼气时,保护气管的肌肉紧密地挨在一起,以使空气通过声带时能够产生振动。这种振动产生了微弱的声音,然后该声音再穿过咽部、口,在某些情况下上升到鼻腔时被抬高而产生共振。口与鼻腔就好似管风琴的两个管,它们不但可以起到扩大音量的作用,还可以任意变换音色。

口腔部位很多,其中最灵活的部位是舌头。鼻腔和口腔之间有上颚相隔。软腭上升贴住咽壁,让气流冲出口腔,可发口音;软腭下垂堵住口腔通道,让气流从鼻腔冲出,可发鼻音;如果软腭不动,让气流同时从口腔和鼻腔冲出,可发口鼻音,也叫鼻化音。

了解发音器官,可以让我们了解声音是怎样发出来的。我们在口语表达中遵循发音器官的活动规律,正确发挥各个器官的功能和作用,就能让我们发出来的声音更具表现力和感染力,从而增强我们口语表达的效果。

二、声调

声调是指一个音节发音时的高低升降。声调主要是音高变化现象,同时也表现在音长变化上。音高决定于发音体在一定时间内颤动次数的多少,次数越多声音越高;反之声音越低。发音时,声带越紧,在一定时间内振动的次数越多,声音越高;声带越松,在一定时间内振动的次数越少,声音就越低。在发音过程中,声带是可以随时调整的,这样就造成种种不同的音高变化,形成了不同的声调。

声调的高低通常用五度标记法:立一竖标,中分5度,最低为1,最高为5。普通话有四个声调:阴平、阳平、上声、去声。

声调包括调值和调类两个方面。

调值,又称调形,指声调高低、升降、曲直的变化形式,一个音如果又高又平,就是由5度到5度,简称为55,是个高平调;如果从最低升到最高,就是由1度到5度,简称为15,是个低升调;如果由最高降到最低,就是由5度降到1度,简称为51,是个全降调。调值的语音特点有二:第一,调值主要由音高构成,音的高低决定于频率的高低。第二,构成调值的相对音高在读音上是连续的、渐变的,中间没有停顿、没有跳跃。

调类是声调的种类,就是把调值相同的音归纳在一起所建立的声调的类别。同一种方言中,有几种基本调值就可以归纳成几种调类。

例如,普通话的"头、楼、佟、肥、刘"调值相同,就属于同一个调类。古代汉语的声调有四个调类,古人叫做平声、上声、去声、入声,合起来叫做四声。现代汉语普通话和各方言的调类都是从古代的四声演变来的。在演变的过程中有分有合,形成非常复杂的局面。按照调值归纳出来,普通话里有四种基本的调类,即阴平、阳平、上声、去声,它是根据古汉语"平、上、去、入"的名称沿用下来的。

在汉语里,一个音节一般就是一个汉字,所以声调也叫字调。

声调是音节结构中不可缺少的组成部分,担负着重要的辨义作用。

请读一读下面这则案例:小强正在麦当劳大吃大喝,同学小辉和小珍走进来,他俩看见小强,不约而同地说:"真好吃。"可是,小强却对小珍不满地瞥了一眼,你知道为什么吗?答案:同样是"真好吃",把"好"字分别读第三声和第四声,意思就不同了。

虽然普通话里每一个音节都有它的实际声调,可是在实际的词语或者句子中,许多音节因为前后音节的影响,实际读起来并不读词的原调,这就是普通话中的变调现象。

普通话中的变调现象包括上声变调、去声变调、"一"和"不"的变调以及重叠形容词、"啊"的变调。

1. 上声的变调

单念或在词语末尾的时候,上声字声调不变。在下列情况下变成阳平或半上声。

(1)两个上声连读,前一个上声变成阳平(35)。例如:

广场　讲解　展览　冷水　水果　选举　管理　党委　永久　处理

由于变调,某些字单字调本来不同,连读后变得近乎相同,如"土改"和"涂改"相近,"李老师"和"黎老师"相近。

在原来为上声而改读轻声的字的前面,就有两种不同的变调,有的变阳平,有的变半上声。例如：

早起　等等　讲讲　想起（变阳平35）

嫂子　姐姐　毯子　姥姥（变半上声21）

如果连读的上声字不止两个,可以根据词语意义分组之后,按上面说的方式变调。快读时,也可以只保留最后一个字音读上声,前面的一律变为阳平。例如：

很勇敢　小老虎　展览馆　管理组　彼此友好

买把雨伞　种马场养有五百匹好马

（2）在非上声（阴平、阳平、去声）的前面变半上声,调值由214变为21。例如：

在阴平前：首都　北京　统一　女兵　买姜　好书　写诗　语音

在阳平前：祖国　海洋　语言　改良　买油　好房　两条　语言

在去声前：解放　土地　巩固　鼓励　买菜　好戏　写信　美味

在非上声变来的轻声字前,上声也变为半上声。例如：

尾巴　起来　宝贝　里头　母亲

2. 去声的变调

去声在非去声前一律不变,在去声前念成半去,即由51调变成53调。例如：

社会　电话　秘密　正确　注意　奉献　庆祝　建设　继续　顾客

3. "一"和"不"的变调

"一"的本调是阴平,"不"的本调是去声,在连续的语流中,由于受后一音节的影响而产生变调现象。其变调规律有以下四点：

（1）单用或在词句末尾,念本调。例如：

一　二十一　表里如一　统一　不　我不

（2）在去声前一律念阳平。例如：

一月　一阵　一致　一见如故　不去　不怕　不错　不见不散

（3）在非去声前一律念成去声。也就是说"一"在非去声前变为去声,而"不"仍念本调。例如：

在阴平前：一天　一箱　一根　一根　不高　不说　不听　不依不饶

在阳平前：一年　一条　一头　一言为定　不长　不甜　不来　不同凡响

在上声前：一本　一尺　一碗　一往无前　不走　不好　不想　不可思议

（4）夹在词语中间时念轻声。例如：

听一听　尝一尝　走一走　看一看　香不香　行不通　想不开　受不了

4. 重叠形容词的变调

(1) 单音形容词重叠,重叠部分多伴有儿化,并常变读阴平。例如:

远远儿　满满儿　好好儿　早早儿　慢慢儿　快快儿

(2) 双音形容词重叠,第一音节重叠部分常读轻声,第二音节及重叠部分常变读阴平。例如:

整整齐齐　干干净净　热热闹闹　老老实实　利利索索　漂漂亮亮

以上数例,除"整整齐齐"外,重叠部分都可儿化,如"热热闹儿闹儿、干干净儿净儿"等。

(3) 单音节形容词的叠音后缀,多读阴平。例如:

红彤彤　绿油油　暖洋洋　沉甸甸　毛茸茸

也有不变调,仍然读本调的,如"热辣辣、金灿灿"等。

5. "七""八"的变调

"七""八"在去声前可以读阳平,现在一般都读阴平,不变调。

三、影响声音质量的因素

现实生活中,我们常常可以通过一个人的声音判断出很多的信息,声音质量的高低直接影响着说话者表达的效果。那么,影响声音质量的因素有哪些呢?

1. 音量

音量又称响度、音强,是指人耳对所听到的声音大小强弱的主观感受,也就是发出声音的强弱、大小。微弱的声音缺乏力度,自然也就削弱了语言表达的表现力,不能生动地表情达意。而响亮、浑厚、有穿透力的声音则能够做到高低起伏、轻重有别,自然也就增强了说话者表达的感染性。

2. 音质

音质也就是嗓音的音调、音色。音质直接影响声音是否悦耳动听,影响到声音的表现力。最好的音质就是一种清楚悦耳的音调。比如歌手王菲的声音,通透明亮,她的高音铿锵有力,而低音又自然柔美。很多人觉得她的天籁之音仿佛会洗净人们的耳朵,涤荡人们的灵魂。她的声音"灵动中闪烁着妖冶,颓废中彰显着华丽"。有人说:"她的声音一出现,你就会只听,不再想。"

影响音质的因素包括鼻音、呼气声、嘶哑的声音和刺耳的声音。

3. 音长

音长是指声音的长短,同语速、停顿密切相关,它决定于发音体振动时间的久暂。发音体振动持续久,声音就长,反之则短。人们在激动、高兴的时候,语速就会加快;而沉思、平静的时候,说话的语速就会相对弱下来。因此,音长跟说话者的情绪有密切的关系。另外,音长还和说话的场合有很大关系,比如体育解说员解说体育赛事时,语速就非常快,而新闻联播播音员播报新闻时,语速相对就较慢。

4. 音域

音域是指每个人声音从低音到高音的范围。大多数人运用高音的范围不超过 8 度，也就是音阶上的全音。如果音域过窄，像演讲或者情绪激动需要发高音的时候，声音就会有一种撕裂的感觉，让人听起来不大舒服。

音域的宽窄和声音的质色很多人都认为是天生的，很难改变，其实不然，我们可以通过训练来改善自己的声音，使得声音富于变化，从而提升自己语言表达的效果。

练一练

1. 朗读岳飞的《满江红》。

怒发冲冠，凭阑处、潇潇雨歇。抬望眼，仰天长啸，壮怀激烈。三十功名尘与土，八千里路云和月。莫等闲、白了少年头，空悲切。

靖康耻，犹未雪；臣子恨，何时灭？驾长车、踏破贺兰山缺。壮志饥餐胡虏肉，笑谈渴饮匈奴血。待从头、收拾旧山河，朝天阙。

2. 朗读柯岩的《周总理，你在哪里》。

周总理，我们的好总理，

你在哪里呵，你在哪里？

你可知道，我们想念你，

——你的人民想念你！

我们对着高山喊：

周总理——

山谷回音：

"他刚离去，他刚离去，

革命征途千万里，

他大步前进不停息。"

我们对着大地喊：

周总理——

大地轰鸣：

"他刚离去，他刚离去，

你不见那沉甸甸的谷穗上，

还闪着他辛勤的汗滴……"

我们对着森林喊：

周总理——

松涛阵阵：

"他刚离去，他刚离去，

宿营地去上篝火红呵,
伐木工人正在回忆他亲切的笑语。"
我们对着大海喊:
周总理——
海浪声声:
"他刚离去,他刚离去,
你不见海防战士身上,
他亲手给披的大衣……"
我们找遍整个世界,
呵,总理,
你在革命需要的每一个地方,
辽阔大地,
到处是你深深的足迹。
我们回到祖国的心脏,
我们在天安门前深情地呼唤:
周——总——理——
广场回答:
"呵,轻些呵,轻些,
他正在中南海接见外宾,
他正在政治局出席会议……"
总理呵,我们的好总理!
你就在这里呵,就在这里。
——在这里,在这里,
在这里……
你永远和我们在一起
——在一起,在一起,
在一起……
你永远居住在太阳升起的地方,
你永远居住在人民心里。
你的人民世世代代想念你!
想念你呵,
想念你,
想——念——你……

第二节 发声训练

任务

学会科学发声。

读一读

案例1：

在学校举行的十佳主持人大赛中，肖华竟然名列其中。这个结果让肖华的很多同学大为惊讶。因为以前肖华常常因为口齿原因，上课时回答问题，让老师听不清楚，肖华因此被同学们笑话。肖华常常在学校后山的小山坡上大声读书，也被同学笑话。但是，肖华依然坚持下来了。难道，肖华的成功就是因为后山上的练习？有人就去问肖华了。肖华说，正是他的坚持锻炼，让他取得了今天的成绩。

案例2：

张威昨天跟老同学打电话，说了两句，他同学突然来了一句："张威，感觉你的声音变得好听了，声音也更加洪亮了。"张威听了心里非常高兴。他的同学感觉很奇怪，问张威其中的原因，张威骄傲地跟老同学说："我这个学期选了当众演讲的课，在这门课上我学到了如何正确的发声，经过一个学期的练习，我也觉得我的嗓音发生了很明显的变化，觉得说话声音有膛音的感觉，在说话时小腹部也感觉到有力了。周围的人也感觉到了我说话时的变化。"

议一议

1. 肖华的成功告诉你什么道理？
2. 张威声音的变化给了你什么启发？

学一学

口才不是与生俱来的，它可以通过后天的训练逐步提升。好听的声音也不是与生俱来的，它也可以通过后天的努力逐步提升。这里介绍几种简单易学的发声训练的方法。

第二章　口语表达的基础

一、学会科学发声

纵使你能出口成章,但是如果你声音尖细抑或口齿不清,也没有人愿意听你说话。很多时候,我们喜欢某一个电视节目,是因为喜欢主持人的声音。那些主持人准确清晰、端庄悦耳的声音具有使听众不会轻易转移注意力的特质。这些主持人并不一定天生就有一副好嗓子,而是经过了长时间的练习提高了音质和音色。

1. 呼吸训练

呼吸训练是发声训练的第一步。说话和唱歌的发音方式是相通的。一些学习唱歌的方法可以用到说话上。意大利男高音之父卡鲁索说:"在所有学习歌唱的人中,谁掌握了正确的呼吸,谁就成功了一半。"气息是发出声音的动力,更是各种声音技巧的"能源"。歌唱时正确的呼吸,既不是用两肩上抬、胸廓紧张的浅胸式呼吸法,也不是用腹部一起一伏、胸部僵硬紧逼的纯腹式呼吸法,而是打开口腔用胸腔和腹腔联合运动而完成呼吸动作。其吸气要领是:吸到肺底—两肋打开—腹壁站定。呼气要领是:稳劲—持久—及时补换。不过,要掌握好这一方法是有一定难度的,通常要经过专业训练。

也有一些简单易行的方法,如:平心静气地去闻鲜花的芳香,突然受到惊吓时的倒吸冷气,模拟吹灰尘。还可以利用早上起床的时间做一些训练,具体方法是:

全身平躺在床上,尽力伸展身体,收缩腹部,把一只手平放在横隔膜上,将另一只手放在胸骨上,然后尽力吸气,吸气的同时说"哦,哦,哦",呼气的同时说"哈,哈,哈",这样练习几次,能够使气息充盈全身。然后再说出"早——上——好",说的时候,手要能感觉到胸腔在振动。坐起,双脚紧贴地面,保持身体挺直,再说几次"早——上——好"。最后,站起来在房间里来回走动,连续说"早上好,早上好"。在说的时候,要对自己充满自信。

呼吸方法训练包括以下两个方面:

其一,深呼吸训练。

深呼吸训练主要是锻炼呼气肌肉群和吸气肌肉群的力量,同时结合做呼吸锻炼操。

其二,呼吸锻炼操:

第一节——扩胸运动(二八呼):先两臂弯曲平举至胸前向后甩,然后把两臂伸开向后甩,注意不要缩脖子和端肩。一拍一个动作。

第二节——呼吸运动(四八呼):两手缓缓向上呼气,两手缓缓向下呼气。两拍一个动作。

2. 共鸣训练

人的口腔、胸腔等发音器官就像一个音箱,搭配使用得当就能发出具有磁性的嗓音。为什么有的人说话的声音穿透力特别强,即使房间里噪音很大,也能听清他在讲什么,这就是共鸣的原因。你的声音必须是通过胸腔共鸣产生的,而不是堵在嗓子眼里被憋出来的。

共鸣训练要注意对发音器官的控制练习,以达到好的音质、音色。首先要练习如何张开嘴说话,而不是发声不动嘴,咬着牙齿说话。我们会注意到歌手唱歌时都是张大嘴的,因为只有这样才能够清晰地唱出每一句歌词。讲话时你也应该尽力做到这一点。开始训练时,朗读以下的内容大声进行练习:

  胸腔共鸣练习:暗淡 反叛 散漫 计划 到达
  口腔共鸣练习:澎湃 碰壁 拍打 喷泉 品牌
  鼻腔共鸣练习:妈妈 买卖 弥漫 出门 戏迷

在练习时要注意仔细体会发音时胸腔、口腔、鼻腔共鸣的感觉。

3. 吐字归音训练

"吐字归音"是我国传统声乐艺术提及咬字方法时所用的一个术语,这种咬字方法是从汉语语音特点出发的,它把一个音节的发音过程分为出字、立字、归音三个阶段,通过对每个发音阶段不同的控制,使吐字达到清晰、饱满、弹发有力的境界。这里以头尾俱全的音节"电(diàn)"为例来说明吐字归音对音节各部分的具体要求。

(1) 出字。

出字指字头(声母)和字颈(韵头、介音)的发音过程,要求"部位准确,叨着有力"。在实际发音中,这种要求主要落实在声母的发音过程中。例如,"电(diàn)"的声母"d"的发音过程应是:先在准确位置(舌尖与上齿背)成阻,蓄积足够气力,然后迅速除去舌尖与上齿背的阻力,打开口腔。

(2) 立字。

一个音节的发音是否能达到字润珠圆,与韵腹的发音有密切关系。立字的过程是韵腹的发音过程,要求"打开立取,声饱满起"。以"电 diàn"字为例,出字过后就应打开口腔至发"a"的状态。气要跟上、充实并取得较丰富的泛音共鸣。与头尾比较,韵腹的发音过程最长,应有"竖起"和"立体"展开的感觉。

(3) 归音。

归音是指音节发音的收尾过程,要做到干净利索、趋向鲜明。归音的过程是力渐松、气渐弱、口渐闭、声渐止的过程,与出字、立字比较,掌握起来难度更大。

这里应首先注意不能因韵腹取音响亮而任意延长,造成因声废字。归音时也不能"拖泥带水留尾巴"。"趋向鲜明"是指唇舌的动作要"到家"。

(4) "枣核形"。

合于出字、立字、归音要求的吐字过程应构成一个完整、立体的形状——"枣核形",它不仅是吐字归音的规矩,也体现了清晰集中、圆润饱满的审美要求。"枣核形"是以声母为一端,韵尾为一端,韵腹为核心。"枣核形"训练是使发音规格化的必要过程。作为技巧训练,它最终是要为表达思想感情服务的,所以,在投入使用时,"枣核形"不能一成不变。字字出于一模,必然会削弱语言的感情色彩,破坏语言节奏,影响内容的表达。视不同情况使"枣核形"有所变化,或拉长或缩短,还可以调节吐字力度,这都是允许的,是于表达有利的。

二、共鸣训练

我们都有这样的体会：越是在嘈杂的地方，我们说话越大声，结果声嘶力竭，自己嗓子累得要命。

其实好的用声者，使用在声带上的能量只占总能量的1/5，而4/5的力量用在控制发音器官的形状和运动上面。在产生共鸣的过程中，共鸣器官把发自声带的原声在音色上进行润饰，使声音圆润、优美。人体的共鸣器官主要有胸腔、口腔和头腔三大共鸣腔体。科学调节共鸣器官可以丰富或改变声音色彩，同时起到保护声带的作用，延长声带的寿命。

朗读的发声中，多采用中声区（平时说话时你感觉最舒服的状态），而中声区主要形成于口腔上下，这就决定了用声的共鸣重心在口腔上下，以口腔共鸣为主。

要想声音圆润集中，需要改变口腔共鸣条件。发音时双唇集中用力，下巴放松，打开牙关，喉部放松，提颧肌、颊肌、笑肌，在共同运动时，嘴角上提。可以通过张口吸气或用"半打哈欠"感觉体会喉部、舌根、下巴放松，这时的口腔共鸣会加大。在打开口腔的同时，注意唇的收拢。

1. 口腔共鸣训练

口腔共鸣发声最主要的一点是发声的时候鼻咽要关闭，不产生鼻泄露。通过下列练习大家可以体会一下：

ba da ga pa ta ka

peng pa pi pu pai

普通话的四个声调，准确的叫法是第一声阴平、第二声阳平、第三声上声、第四声去声。我们在进行声音训练的时候，多用阴平声调进行，这样有利于体会声音和气息。

词组：

澎湃 冰雹 拍照 平静 抨击 批评

哗啦啦 噼啪啪 咣啷啷 扑通通 胡噜噜

快乐 宣纸 挫折 菊花 捐助 吹捧 乌鸦

绕口令：

山上五株树，架上五壶醋，林中五只鹿，柜中五条裤，伐了山上树，取下架上醋，捉住林中鹿，拿出柜中裤。

2. 鼻腔共鸣训练

鼻腔共鸣是通过软腭来实现的，标准的鼻辅音"m""n"和"ng"就是这样发声的。发"a""i""u"的音，加点鼻腔共鸣体会。

加鼻辅音：ma mi mu na ni nu

词组练习：

妈妈 光芒 中央 接纳 头脑

蓝蓝的天上白云飘，白云下面马儿跑，挥动鞭儿响四方，百鸟齐飞翔。

3. 胸腔共鸣训练

胸腔的空间及共鸣能量大,发出的声音就有深度和宽度,声音更浑厚、宽广。

"a"元音直上、直下、滑动练习。

词组练习:

百炼成钢　翻江倒海　追悔莫及

小柳树,满地栽,金花谢,银花开。

4. 头腔共鸣、腹腔共鸣

基本在说话过程中用不到这两个共鸣。男声发高音,体会声音从眉心发出的感觉。基本来说,做好胸腔、口腔、鼻腔共鸣,演讲、朗读绰绰有余。

三、气息训练

气息是声音的动力来源。充足、稳定的气息是发音的基础。人们在平时讲话过程中可以不考虑控制和操纵气息,但在公众前讲话或演讲时,所需要的气息量比平时大得多,所以必须控制好气息,才能很好的驾驭声音。我们的呼吸点不应该在整个胸部,而应该放在丹田,以丹田、胸膛、后胸为支点。发声时有支点,我们的声音才会比较有力度。

有的人讲话或唱歌声音洪亮、持久、有力,人们赞叹说,他(她)"中气"很足。相反,有的人说话或唱歌音量很小,有气无力,上气不接下气,像蚊子嗡嗡叫一样,使人难以听清,这种人则"中气"不足。其间除了身体素质的区别外,还有一个气息调节技巧问题,即呼吸和讲话的配合、协调是否恰当的问题。

(1)正常情况下,说话是在呼气时而不是在吸气时进行的,停顿则是在吸气时进行的。如果是持续时间较长的讲话或朗诵,必然要求有比平时更强的呼吸循环。

讲话时的正确呼吸方法,应当采用胸腹式联合呼吸法(也称丹田呼吸法),即运用小腹收缩,靠丹田的力量控制呼吸。郭兰英在谈到运用这种呼吸方法时说:"唱歌时小肚子常是硬的,唱得越高就越硬。"胸腹式联合呼吸介于胸式呼吸和腹式呼吸两者之间,是二者的结合。具体方法如下:

① 吸气:小腹向内即向丹田收缩,相反,大腹、胸、腰部同时向外扩展,可以感觉到腰带渐紧,前腹和后腰分别向前、后、左、右撑开的力量。用鼻吸气,做到快、静、深。

② 呼气:小腹差不多始终要收住,不可放开,使胸、腹部在努力控制下,将肺部储气慢慢放出,均匀地外吐。呼气要用嘴,做到匀、缓、稳。在呼气过程中,语音一个接一个的发出后,组成有节奏的有声语言。

这种呼吸方法可以使腹部和丹田充满气息,为发音提供充足的"气",同时,由于小腹向内收缩,胸前向外扩张,以小腹、后腰和后胸为支柱点,为发音提供了充足的"力"。"气"与"力"的融合,为优美的声音奠定了坚实的基础。

(2)在讲话过程中,要处理好讲话和呼吸的关系,必须注意以下几点:

第一,尽可能轻松自如,吸气要迅速,呼气要缓慢、均匀,吸入的气量要适中。

第二,尽可能在讲话中的自然停顿处换气,不要等讲完一个长句才大呼大吸,显得讲话很吃力。还要根据自己的气量来决定是否用中途不便停顿的长句,不要为了渲染和增强表达效果而勉为其难地为之,那样会适得其反。

第三,尽可能使讲话时的姿势有利于呼吸。无论是站姿和还是坐姿,都要抬头舒肩展背,胸部要稍向前倾,小腹自然内收,双脚并立平放。这样发音的关键部位胸、腹、喉、舌等才能处于良好的呼吸准备和行进状态之中。呼吸顺畅,方可语流顺畅。

（3）练习呼吸的方法有很多,主要有:

① 闻花香:仿佛面前有一盆花香花,深深地吸进其香气,控制一会儿后缓缓吐出。

② 吹蜡烛:模拟吹灭生日蜡烛,深吸一口气后均匀缓慢地吹,尽可能时间长一点,达到25～30秒为合格。

③ 咬住牙,深吸一口气后,从牙缝中发出"咝——"声,力求平稳均匀持久。

④ 数数:从一数到十,往复循环,一口气能数多少遍就数多少遍,要数得清晰响亮。

⑤ 用绕口令或近似绕口令的语句练习气息,如:出东门,过大桥,大桥底下一树枣儿,拿着杆子去打枣,青的多,红的少。一个枣儿,两个枣儿,三个枣儿,四个枣儿,五个枣儿,六个枣儿,七个枣儿,八个枣儿,九个枣儿,十个枣儿……这是一个绕口令,一口气说完才算好。开始做练习的时候,中间可以适当换气,练到气息有了控制能力时,逐渐减少换气次数,最后要争取一口气说完,甚至多说几个枣。

练一练

1. 以每秒两个的速度数:"1、2、3、4……"
2. 读下列两则绕口令:

（1）一只青蛙一张嘴,两只眼睛四条腿,扑通一声跳下水;

两只青蛙两张嘴,四只眼睛八条腿,扑通扑通跳下水;

三只青蛙三张嘴,六只眼睛十二条腿,扑通扑通扑通跳下水;

四只青蛙四张嘴,八只眼睛十六条腿,扑通扑通扑通扑通跳下水……

（2）南园一堆葫芦,结得滴里嘟噜,甜葫芦,苦葫芦,红葫芦,鼓葫芦,好汉说不出二十四个葫芦:一个葫芦,两个葫芦,三个葫芦,四个葫芦……

第三章 口才概述

第一节 口才的基本知识

 任务

1. 了解口才的定义。
2. 了解影响口才的因素。

 读一读

案例1：

建国初期，我国经济建设取得初步成就。周恩来总理举行记者招待会，介绍我国建设成就。一个西方记者不怀好意地问周恩来总理："请问，中国人民银行有多少资金？"这位记者提出这样的问题，有两种可能性，一个是嘲笑中国穷，实力差，国库空虚；一个是想刺探中国的经济情报。对于这样来者不善的问题，周恩来总理委婉地说："中国人民银行的货币资金吗？有18元8角8分。"望着众人不解的样子，周总理又解释说："中国人民银行发行的面额为10元、5元、2元、1元、5角、2角、1角、5分、2分、1分的10种主辅人民币，合计为18元8角8分……"话语一出，在场很多记者鼓起了掌。

还有一次，美国代表团访华时，曾有一名官员当着周总理的面说："中国人很喜欢低着头走路，而我们美国人却总是抬着头走路。"此语一出，话惊四座。周总理不慌不忙，面带微笑地说："这并不奇怪。因为我们中国人喜欢走上坡路，而你们美国人喜欢走下坡路。"

案例 2：

有一个商人，是某公司的顾客，双方一直有贸易往来。有一次，这个商人欠了该公司 5000 元钱，可是他忘记了这笔款，不予承认。公司的会计接二连三地发信函向他追要这笔欠款，这让他大为恼火。为了表示对该公司的愤慨，他竟然亲自来到该公司，找到该公司的老总，斥责该公司损害了他的名誉，伤害了他的情感，郑重地宣布从此断绝和该公司的一切业务往来。公司老总一直安静地听他讲完，等到他安静下来，老总向他深深地鞠了一躬，为公司财会人员的行为向他道歉，并且感谢他能够亲自到公司来告诉他这件事情。谢谢他帮了自己的一个大忙，原因是财会人员的行为激怒了他，同样也可能会激怒其他的顾客。为了表达自己的谢意，老总说他要免去这位商人的欠款。这位商人很是惊讶，没想到老总对自己的责问以及断绝交往的行为采取的是这样的态度，一时间竟然不知所措。老总又像往常一样热情地招待了他，并且为他介绍了一个新的合作单位。当这位商人离开的时候，与该公司尽释前嫌，并向老总收回了断绝的话。回去之后，核对来往账目，发现自己确实欠了该公司 5000 元钱，立马给该公司汇来了欠款，并给该老总写了一封道歉信。

议一议

1. 在中国外交史上，周恩来总理凭借自己的睿智和杰出的口才为中国赢得了尊严，对此你有何感想？

2. 第二则案例是口才和商场战术结合运用很成功的一则案例，说说你能从中学到些什么。

学一学

一、口才的定义

美国卡耐基工学院曾经分析 10000 例的记录而获得了下面的结论：在事业上成功的人中有 15% 是因为他们对本身的工作受过技艺上的特殊训练，头脑灵巧，对工作熟练；另外的 85% 是人格因素促成的，也就是说这些人都具备了与人成功相处的能力。哈佛大学的职业辅导局曾研究成千上万被解雇的青年男女的失业原因，发现其中三分之一的人是因为不能胜任工作被解雇的，另外三分之二的人是因为不能成功地与人相处而失去工作的。

口才作为一种重要的社交能力，直接决定了一个人能否与周围其他人和谐相处。那么，什么是口才？

口才，《现代汉语词典》上的解释为：名词，说话的才能。中国著名演讲家、"新中国演讲事业开拓者"、中国第一位演讲学教授邵守义有一句名言：是人才未必有口才，有口才必定是人才。有口才的人说话具有"言之有物、言之有序、言之有理、言之有情"等特征。有学者将口才更加明确地定义为：在口语交际的过程中，表达主体运用准确、得体、生动、巧妙、有效的口语表达策略，达到特定的交际目的，取得圆满交际效果的口语表达的艺术和技巧。简单地说，口才是口语交际中说话的才能，即善于用口语准确、贴切、生动地表达自己思想感情的一种能力。

人们在交际过程中，总是凭借自己的知识和阅历，力求准确地表达自己的态度、见解和感情，以期充分发挥交际功能的口头表达能力。

二、口才的价值

现代社会是一个竞争与合作的社会，有的人在竞争中失败，有的人在合作中成功，这其中奥妙何在？生意场上有"金口玉言""利言攸先"之说，政治场上有"一言定升迁"之说，文化界有"破题之语"之说，生活中常有"生死荣辱系于一言"之说。古语道：一言胜于九鼎。

在现代交际中，是否能说，是否会说，以及与言谈交际相关知识能力的多寡，实实在在地影响着一个人的成功和失败。在社会上，人们的能力有高有低，快速了解他们，不妨看看他们的口才。

口语表达能力的高低，其主要表现是说话的艺术。语言的力量能征服世界上最复杂的东西——心灵。通过口才这一媒介，不熟识的人可以熟识起来，长期形成的隔阂可以消失，甚至单位之间、社会集团之间、国家之间的矛盾有时也可以通过它得到解决。若是语言运用不当，也可能交际失败，甚至损害自身的形象。口才是现代智能型人才的基本素质，思维敏捷、能言善辩是事业成功的保证。一个善于说话的人，首先必定具有敏锐的观察力，能深刻认识事物，只有这样，说出话来才能一针见血，准确地反映事物的本质；其次，还必须有严密的思维能力，懂得怎样分析、判断和推理，说出话来才能滴水不漏，有条有理；最后，还必须有流畅的表达能力，间接来说，知识渊博，话才能说得生动通顺。正因为口才具有综合能力的特征，所以说口才是知识的标志，是事业成功的阶梯。

在交际场合，口才表现为一种处事能力。很多时候，口才还可以成为一种锐利的进攻与防守的武器。运用得好，一言可以成事；运用得不好，一言也可以坏事。

《伊索寓言》中记载了这样一则故事：

还是在伊索做奴仆的时候，一天，主人要宴请当时的一些哲学家，吩咐伊索做最好的菜招待贵宾。伊索收集来各种各样动物的舌头，准备了一席舌头宴。

开席时，伊索端上来一盘盘舌头。主人和宾客都大惑不解，主人责问道："伊索，今天让我的客人吃的是什么好菜呀？！"

伊索回答："舌头，我的主人。"

主人说："舌头怎么是好菜呢？"

伊索说："舌头能言善辩，对尊贵的哲学家来说，这难道不是最好的菜肴吗？"客人们都笑着点头称是。

主人又吩咐他："伊索！明天,我明天要再办一次宴会,菜,要上最坏的。"

第二天的宴席上,伊索端上来的仍然是舌头。

主人大发雷霆："伊索！怎么又是舌头?!"

伊索幽默地说："老爷,您看,这舌头,能歌功颂德,也能溜须拍马;能有话直说,是非分明,也能颠倒黑白,欺上瞒下;有时因一句话得福,有时又祸从口出。难道舌头不是最好的菜,也是最坏的菜吗!"

口才并不是一种天赋的才能,它可以靠刻苦训练得来。古今中外历史上很多有名的演讲家、雄辩家,他们的口若悬河和能言善辩都是靠刻苦训练而获得的。

美国前总统林肯为了练口才,徒步30英里,到一个法院去听律师们的辩护词,看他们如何论辩,如何做手势。他一边倾听,一边模仿。他听到那些云游八方的福音传教士挥舞手臂、声震长空的布道。这些传教士布道的形象就成为林肯口才学习的榜样。

日本前首相田中角荣,少年时曾患有口吃病,但他不被困难吓倒。为了克服口吃,练就口才,他常常朗诵、慢读课文;为了准确发音,他对着镜子纠正嘴和舌根的部位,严肃认真,一丝不苟。

我国早期无产阶级革命家、演讲家萧楚女也是靠平时的艰苦训练练就了非凡的口才。萧楚女在重庆国立第二女子师范教书时,除了认真备课外,他每天天刚亮就跑到学校后面的山上,找一处僻静的地方,把一面镜子挂在树枝上,对着镜子开始练演讲,从镜子中观察自己的表情和动作。经过这样的刻苦训练,他掌握了高超的演讲艺术,他的教学水平也很快提高了。1926年,他年方30,就在毛泽东同志主办的广州农民运动讲习所工作,他的演讲至今受到世人的推崇。

我国著名的数学家华罗庚,不仅有超群的数学才华,而且是一位不可多得的"辩才"。他从小就注意培养自己的口才,学习普通话,他还背了唐诗四五百首,以此来锻炼自己的"口舌"。华罗庚先生在总结练"口才"的体会时说："勤能补拙是良训,一分辛苦一分才。"

三、好口才需要的素养

口才既然不是与生俱来的,可以通过后天的努力获得好口才,那么,要想拥有好的口才,需要哪些素养呢?

1. 要有丰富的知识储备

一个人所表达的永远不能超过他的思想,你所释放的一定是你所拥有的,喷泉的高度永远超不过它的源头,唯有"厚积"才能"薄发"。知识就是口才的源头活水,没有知识就没有口才。本杰明·富兰克林说："阅读是我唯一的乐趣。"我们要想成为妙语连珠、滔滔不绝的演说家,就必须要有足够的知识底蕴。

2. 要有良好的道德修养

美国第十六任总统林肯说："你能在所有的时候欺骗某些人,也能在某些时候欺骗所有人,但是你不可能在所有的时候欺骗所有人。"中国也有句老话："亲其师方可信其道。"

《论语》有云："其身正,不令而行;其身不正,虽令不从。"所以,对于一个好的口语表达者,不仅需要丰富的知识底蕴,还要有良好的道德修养。

言说者良好的品德修养会带来很强的人际吸引力,增强言说者话语的可信度,给听者以信任感和安全感。

3. 要有成熟的心理素质

成熟的心理素质是口才的保证。比如对某个问题你很有想法,想当众表达,无奈的是腿发软、口难开,你的心理素质阻碍了你才能的发挥。

良好的心理素质首先需要言说者相信自己说的话是正确的,相信自己说话的声音动听,相信自己说话的逻辑性很强,同时相信自己能够说服听众相信你说的话;其次,良好的心理素质要求言说者能够在任何情境下保持冷静的头脑,以沉稳、冷静对待交际场合出现的各种问题。

4. 要有较强的思维能力

说得好的前提是想得好。思维和语言之间的联系密不可分,思维是语言的具体内容,语言是思维的表现形式。思维能力包括形象思维能力和逻辑思维能力。思维是口才的基础,口才是思维的表达,能说会道的人一般都头脑聪慧、思维敏捷。口才与思维的训练是相互促进的,要使自己更聪明,应多多训练自己的口头表达能力;而要想有好的口才,也应该加强训练自己的思维能力。逻辑思维能力主要就是讲话有条理、有层次、不混乱。讲话首先要严格遵循逻辑规律,逻辑规律要求人们思考问题和表达思想时,要保持统一性,不能自相矛盾,不能模棱两可,要有充足的理由等。形象思维能力是以想象、联想为基本手段,通过生动的形象来揭示事物的本质及其内在规律。形象思维不仅常常用于叙事性的口语表达,而且也可以运用于抽象伦理性的口语交流中,会为语言插上幽默的翅膀,冲破语言的枯燥、抽象、凝重。如果拥有丰富的形象思维,语言将会极大地丰富,让人听起来兴味盎然、幽默生动。

5. 要有较强的应变能力

交际场合会出现很多出乎意料的事情,甚至会出现不利于自己的因素。应变能力就是指面对突然出现的不利因素,能够临场及时调整说话内容,巧妙变换形式技巧,以适应事物发展变换的快速反应能力。口语表达是否能够成功的决定因素有很多,而且很多时候还并不取决于言说者自己,因为口语表达的过程实质上是综合多种因素所形成的一个综合整体功能系统,这个系统中任何一个因素的不协调都可能导致口语表达的失败,面对交际语境中的人的情绪变化、环境的变化,言说者唯有顺应变化,巧妙地利用客观环境因素,方可化险为夷,成功地对付意外。

教育系统为庆祝教师节举办了一场演讲比赛,有一位师范学校的老师参加比赛,来到赛场的时候,发现很多选手向她问好,原来这次演讲比赛的选手有60%是她教过的学生。她的领队安慰她:输给学生也没什么。领队的话给了她启发,于是,最后一个上台的她这样开始了她的讲演:"今天,我是所有选手中最为特殊的一个,因为,我和我的学生同时参加了比赛。曾经,我们作为战友,并肩作战;而今天,我们作为对手,相遇在这个演讲台上。在台下的时候,有人问我怕不怕输给自己的学生。我说:如果输给自己的学生,那是我最高的荣誉,因为,青出于蓝而胜于蓝本就是为师者终生的追求!"

台下响起了雷鸣般的掌声。这位教师巧妙地运用了忽然出现的因素,扭转了可能让自己陷入尴尬的局面。

6. 要有谨慎说话的意识

中国古语强调"敏于事而慎于言"。一言既出驷马难追,因此,谨慎也是口语交际中必备的素养。在言语交际实践中,讲一百句正确的话都未必能收到想要的效果,但是往往讲一句错误的话,哪怕是无意的,就能做到伤及他人、危害自己。

曾经有一位师范学校的实习生,到一个实验小学去实习。起先,她与其实习指导老师的关系很融洽。但是后来指导老师拒绝给她写实习评价,两人关系至此,仅仅因为该实习生无意间说了一句话。原来有一天上课时,教学中遇到一个词"炮制",指导老师把它读成第四声,实习生马上当着所有学生的面说她读错了,应该读第二声,而且又说了一句:教师可不能读错字,那样要误人子弟。尽管实习生纯属无心之举,但还是把指导老师深深地伤害了。

四、口才注意点

要想拥有出色的口才,还要注意以下几点:

1. 要注意交际对方的特点

俗话说:射箭要看靶子,弹琴要看听众。不同的交际对象由于其年龄、职业、心理、教育背景、文化修养的不同,其表达必然各不相同;即使是同一个交际对象,在不同的语境中,也会表现出不同的表达特征。

(1)注意交际对方的心理。

人世间,人是最难以把握的,口才的客体要素是口语表达对象和口语表达的环境。这就要求我们在交际过程中,客观地分析交际对方的心理,倘若对方心情很好,相对就比较容易沟通。如若对方心情烦躁、消极,就会影响沟通。

(2)把握交际对方的兴趣爱好。

要把握交际对方的爱好,力求做到"投其所好",以期引起对方的共鸣,实现交际目的。

(3)关注交际对方的年龄。

交际对方的年龄也影响到交际话题的选择,由于年龄的不同,其阅历、人生体验必然各不相同,他们所关注的内容也各不相同,所喜欢的话语表达方式自然也各不相同。

(4)注意交际对方的文化素养特征。

一般说来,文化素养高的人喜欢典雅庄重的语体,而文化素养较低的人,更喜欢朴实、通俗、简约的表达方式。

（5）留意交际对方的职业特征。

职业不同的人，喜欢的话题也各不相同。常言道：三句话离不开老本行。要针对交际对方的职业特征选择信息，比较容易让对方产生共鸣。

口语表达的成功取决于交际双方，只有双方都认可的交流才是成功的。所以，交流时要做到"目中有人"。口语表达时要针对这些差异，选取不同的表达内容和表达方式进行交流，方可赢得交际的成功。

2. 要注意交际的语境

所有的表达都要依托于一定的语境进行。特殊的语境，对于表达者的心理、情绪、表达内容都会产生直接的影响。所以，表达者必须关注表达环境，能够恰当地根据具体情况控制、设置和巧妙地利用语言表达环境，实现交流的有效性。这里所指的环境包括社会环境、场合环境、关系环境、时间环境等。

（1）要注意说话的社会环境。

社会环境是一个庞大的宏观背景，包括时代、社会、民族、地域、文化等。时代是最重要的，不同的时代，有着不同的政治、文化、经济生活内容，人们所说的话必然都打上时代的烙印，即使讲古代的内容也要讲出时代的特征。人们常说"说话要合时宜"，这"时宜"首先是指符合时代的大背景。其次，这"时宜"还指不同的文化背景，不同的民族、不同的国家有着不同的风俗习惯，说话时应注意适应地方习惯，不要闯文化"红灯"。各地的风俗不同，说话上的忌讳也不相同，闯了文化"红灯"，小则引起误会而产生矛盾，大则会伤害别人。

（2）要注意说话的场合。

"在什么场合说什么话，到什么山头唱什么歌"是交际必须遵循的一项重要准则，因为场合对说话的影响比其他因素更为具体直接。场合多种多样，从公共场合的性质方面看，公共关系有正式与非正式之分。正式场合指日常交往的娱乐场所，如家庭、商店、街头、电影院等。一般来说，正式场合社会制约性较强，人员众多，庄重典雅，说话时要注意做到准确规范。而非正式场合比较宽松、随便，说话应以平易、通俗、幽默为宜。从氛围方面看，场合有悲痛和喜庆之分。在节日、联欢会等喜庆场合应讲一些轻松、明快、诙谐、幽默的话语，在悲痛的场合应尽量少讲话，必须讲话时，表达则要显得庄重、严肃，只能讲一些与场合氛围相融洽的话语。如果不注意这一点，说话就会引起别人的反感。从对象方面看，场合有大小之分。场合大，声音要洪亮，手势动作也可以大一些；场合小，口语表达较为自由一些。场合环境对于口语表达的影响比社会环境更为直接，口语表达必须主动地适应场合的要求方可取得良好的效果。

（3）要注意人际关系环境的影响。

所谓人际关系环境是指亲疏远近而形成的环境。人与人之间的关系含义很多，包括血缘关系、工作关系、临时关系等。关系深浅不同，说话也应不同。倘若对方不是相知很深，只是临时关系，如果你畅所欲言，无所顾忌，则显得你没有修养；你与他不是亲朋熟友,见面却劝其这样那样,则显得你冒昧。因此,对关系不深的人,只宜海阔天空地随便聊聊,而对个人的私事还是不谈为好。但这并不是说对任何事都遮遮盖盖,见面绝不超过三句话,而是要恰当地把握谈话主题。根据不同的人际关系,选择与之相适应的表达方式,才能使口语表达更为得体。

（4）要注意时间环境的影响。

时间环境是指对口语表达产生各种影响的时间因素。口语表达既要因人、因地制宜,也要因时制宜。比如,在参加演讲比赛的时候,排在后面上台的选手如果和前面选手所讲的内容"撞车",评委和听众就会索然无味。所以,后演讲的选手必须要避开其他选手已经说过的内容。

第二次世界大战爆发不久,张伯伦的绥靖政策破产,丘吉尔临危受命,被国会任命为首相,于1940年5月10日发表了一篇著名的就职演说:"我没有什么可以奉献,有的只是热血、辛劳、眼泪和汗水。你们问,我们的政策是什么？我要说,我们的政策就是用我们的全部能力,用上帝所给予我们的全部力量,在海上、陆地和空中进行战争。这就是我们的政策。你们问,我们的目标是什么？我可以用一个词来回答:胜利！不惜一切代价,去赢得胜利;无论多么可怕,也要赢得胜利;无论道路多么遥远和艰难,也要赢得胜利。因为没有胜利,就不能生存!"这段演讲,丘吉尔的表达显得庄重、严肃、高亢而又充满激情,因为处在一个重大的时刻。

练一练

1. 每天拿出十分钟时间阅读,然后把阅读材料的内容复述出来。
2. 每天记录下一则和别人交流愉快的经历,记录下一则自己或者他人与别人起言语冲突的例子,并指出原因。
3. 假设你是一名推销员,推销的产品是洗衣液,你来到一个以留守老人为主体的村落,你如何向这些老人推销你的产品？
4. 假设你即将毕业,作为毕业生代表,你将在毕业典礼上发言,请作三分钟发言。

第二节　口才训练技巧和方法

任务

1. 能在众人面前朗读。
2. 能用描述法说一件事。
3. 听完一段故事后,能够复述,做到情节完整。

读一读

案例1：

世界上的雄辩家，都曾经被人们认为是说话笨拙的人，狄里斯就是其中一个。狄里斯生于公元382年，在西欧被称为"历史性的雄辩家"。据说，他的声音很低，而且呼吸很短促，口齿不清，旁人经常听不懂他在说些什么。不过，他的知识非常渊博，因此他的想法也相当深奥，很擅长分析事理，几乎无人能出其右。

当时，在狄里斯的祖国首都雅典，存在很严重的政治纷争，因此，能言善辩的人格外受到重视，一向能先提出时代潮流和趋势的狄里斯，认为自己缺乏说话技巧是很不适宜的。于是他做了一番充分的考虑，并且准备好演讲的内容，从容走上了演讲台。但是，很不幸的是，他失败了。原因就在于他发出的低音和肺活量不足，口齿不清，以至于别人无法听清楚他所说的话。但是，狄里斯并不灰心，他反而比过去更努力，训练自己的胆量和意志力。他每天都跑到海边去，对着浪花拍打的岩石大声喊叫，回家以后，又对着镜子看自己说话时的嘴形，作发音练习，一直持续不辍。狄里斯就是这样努力了好几年，直到他27岁时，终于再度走上台向众人演讲。辛苦的努力总算有了成果。他这次盛大的演讲，得到了许多的喝彩与掌声，而狄里斯的名气也就这样打响了。

案例2：

某个星期天，班里组织了春游，小强和小敏都参加了春游活动。小强回到家，妈妈叫他讲一下春游的经历。小强说："我们到学校后，坐上校车，九点半的时候，到达了梅花山，梅花山上的梅花都开了，有很多人在梅花下照相，我们也照了相。十一点多的时候，我们吃了午饭，就是吃了各个同学自己带的东西，有人还交换着吃了。吃过饭又玩了玩，到下午两点多钟，就回来了。"小敏回到家，妈妈也叫她讲一讲春游的经历。小敏说："我们到学校后，坐校车，妈妈，你知道吗，这次我们坐的可是新校车，黄色的新校车！坐了新校车，我们可高兴啦！我们一路唱着歌，我们张老师还唱了歌呢！九点半的时候，我们到了梅花山，梅花山简直就是花的海洋，漫山遍野的梅花，可壮观了。腊梅是亭亭玉立，红梅是娇艳欲滴，连小草都生机盎然的，可热闹了。照相的人三五成群，与花儿争奇斗艳。最好玩的是吃午饭，那可真叫一个丰盛啊！我们在草地上铺了塑料纸，展示各个同学带去的食物，哇，妈妈，你都想象不出有多少好吃的。最稀奇的是赵珊珊带的中国式比萨，她奶奶做的，馅里有胡萝卜丁、洋葱丁、玉米粒、牛肉粒……据说光是各种丁啊、粒啊就有十八种，那整个就是一个营养丰富、色彩斑斓，真叫人垂涎欲滴。还好，赵珊珊分了我一块，啧啧，真的是回味无穷。吃完了午饭，我们又领略了一下梅花山的盎然春意，然后就依依不舍地回来啦！"

议一议

1. 狄里斯的经历给了你什么样的启发？如果你有着和狄里斯同样的烦恼，你将怎么做？
2. 请评价一下案例2中的小强和小敏对春游过程的讲述，哪一个更好一些，为什么？

学一学

我们来看一下"团队"这个词，"团"由"口"与"才"组成，"队"由耳朵旁和"人"组成。现代人依托于团队生存，没有人可以脱离团队孤立生活。在一个团队中，不能没有口才。所以现代人才主张把口才作为选拔人才的一个重要条件。

口才不是与生俱来的，它可以通过后天的训练逐步提升。这里介绍几种简单易学的训练口才的方法。

一、学会使用朗读法训练口才

朗读训练是一般口语交际训练的必备基础，具有十分重要的作用。长期的朗读训练有利于训练语音，丰富词汇，培养语感，增强其表达的生动性和感染力。

朗读是在理解作品的基础上，用有声语言对作品进行艺术的再创造。朗读要求朗读者能深刻地把握作品的实质，通过发声技巧及节奏、语调的综合运用对作品进行艺术再现。朗读式训练方法包括低声读、高声读、快速读、模仿角色读、面对听众读等。

低声读：要求低声细吟慢读，领会所读作品的内容。在低诵中细细揣摩作者传情达意的文字技巧和表现方法。这种方法常用来读优秀的诗歌、散文、戏剧和小说片断。

高声读：通过高声诵读传达出作品的内在情感和蕴意。在诵读的基础上对佳句、佳段甚至全文全篇作背诵，既加深对文章的理解又加强记忆。

快速读：在限定的时间内快速诵读作品，并且逐渐加快速度，最后做到一气呵成。它可以训练高度灵敏的思维、极好的记忆和口才。

模仿角色读：在阅读文学作品时，自己模仿演员扮角色，揣摩各种人物的语气、语调、心态和神情，使自己进入角色，高声、反复朗诵台词，找到身临其境的感觉。

面对听众读：是要求你面对听众（比如你的同学或是家人）有声有色地朗读。

朗读是一遍遍地念，直到读熟为止。朗读过程可以广泛地汲取中外名家语言的精华，体会作者的思想感情，感悟作者的说话、写作技巧。同时，在朗读的过程中，训练者的气息、共鸣、声带以及唇舌等都能得到反复锻炼，表达技巧也就会得到逐步的改善，从而实现表达能力提升的目的。在朗读时还要注意发音准确，吐字清晰。朗读不要过分地夸张和渲染，过于强调对自我的表现，当然，也不能失去"自我"，把朗读沦为机械地读书，照字读音,无升无降,平淡无味。

二、学会运用描述法训练口才

描述法是指将你所看到的事情、人物、风景用自己的话描述出来,重点培养语言组织能力和语言描述能力。描述法类似于我们小时候学的看图说话,但是要比看图说话要求高得多。只是我们要看的不仅仅是书本上的图,还有生活中的一些景、事、物、人。其方法是把一幅画或一个景物作为描述的对象。

第一步,对要描述的对象进行观察,并抓住其特点进行描述。比如,我们所要描述的对象是"春天的梅花山",那么我们就要观察一下梅花山上都有些什么:有树,什么树? 并且树是什么样子,山是什么样子? 有游人,游人在干什么? 赏花的游人此时又该是一种什么心情呢? 这一切都需要观察者用自己的眼睛去观察,用自己的心去体验。只有有了这种观察,描述才有血有肉,才能具有感染力。运用描述法,要抓住特点进行描述。语言要清楚,明白,要有一定的文采。一定要用描述性的语言,力求生动活泼,力求言之有情、言之有序。描述的时候允许有联想与想象。比如,你观察到秋天的湖边有一位白发苍苍的老人,孤独地坐在树荫下,你就可能产生一种联想,或者想到仙风道骨、江湖恩怨,也可能想到这个老人的孤独晚景,还可能想到"夕阳无限好,只是近黄昏"……那么在描述的时候,你就可以把这一切都加进去,使你的描述更充实、生动。

描述法可以训练你的语言组织能力和语言的条理性。无论是演讲、说话还是论辩,都需要有较强的语言组织能力,没有这种能力也就不可能有一张悬河之口。组织语言的能力是口语表达能力的一项基本功。

三、学会运用复述概括法训练口才

复述概括法就是将别人的话或一篇文章复述下来,不需要一字不差,但要抓住中心和重点进行概括。复述概括法能同时训练听说能力,重点是加强口头表达能力,使说话突出重点,并且有连贯性和整体性。

开始练习时,最好选择句子较短、内容活泼的材料进行,这样便于你把握、记忆、复述。随着训练的深入,你可以逐渐选一些句子较长、情节较少的材料进行练习。这样由易到难,循序渐进,效果会更好。

情节生动的文章比较适合用于复述训练。复述的时候,你可把第一次复述的内容录下来,然后对比原文,看你能复述下多少,重复进行,看自己经过多少遍才能把全部的内容复述下来。这种练习绝不单单在于背诵,而在于锻炼语言的连贯性。如果能面对众人复述就更好了,它还可以锻炼你的胆量,克服紧张心理。这要求我们在开始时,只要能把基本情节复述出来就可以,在记住原话的时候,可以用自己的话把意思复述出来;第二次复述时就要求不仅仅是复述情节,而且要求能复述一定的人物语言或描写语言;第三次复述时,就应基本准确地复述出人物的语言和基本的描写语言。在进行复述训练的时候,不要急于求成,可以逐渐提高要求,最好能根据自己的实际情况和所选文章的情况,制定一个具体的要求。比如选了一段共有 10 句话的文章,那么第一次复述时就要把基本情节复述出来,并能把几个关键的句子复述出来;第二次就应该能复述出 5~7 个句子;第三次就应能复述 8~10 个句子。当然,速度进展得越快,也就说明你的语言连贯性和记忆力越强。

进行复述训练的时候要注意:

(1) 抓住内容主干。

在练习过程中,主要记住文章主要内容,抓住基本情节,不用过分在意是否记住了某一句话。

(2) 语言准确灵活。

练习时要灵活运用自己的语言进行概括,不拘泥于原文的语句,可以大胆地用自己的话来表述,要准确表达原文的中心思想,意思上可以有小出入,但不能和原文表达的意思产生矛盾。

(3) 语言整体连贯。

在练习时重视语言的完整流畅,这是提高口头表达能力的关键。

练一练

1. 在班级全体同学面前高声朗读高尔基的《海燕》。

在苍茫的大海上,狂风卷集着乌云。在乌云和大海之间,海燕像黑色的闪电,在高傲地飞翔。

一会儿翅膀碰着波浪,一会儿箭一般地直冲向乌云,它叫喊着——就在这鸟儿勇敢的叫喊声里,乌云听出了欢乐。

在这叫喊声里——充满着对暴风雨的渴望!在这叫喊声里,乌云听出了愤怒的力量、热情的火焰和胜利的信心。

海鸥在暴风雨来临之前呻吟着——它们在大海上飞窜,想把自己对暴风雨的恐惧,掩藏到大海深处。

海鸭也在呻吟着——它们这些海鸭啊,享受不了生活的战斗的欢乐:轰隆隆的雷声就把它们吓坏了。

蠢笨的企鹅,胆怯地把肥胖的身体躲藏在悬崖底下……只有那高傲的海燕,勇敢地,自由自在地,在泛起白沫的大海上飞翔!

乌云越来越暗,越来越低,向海面直压下来,而波浪一边歌唱,一边冲向高空,去迎接那雷声。

雷声轰响。波浪在愤怒的飞沫中呼叫,跟狂风争鸣。看吧,狂风紧紧抱起一层层巨浪,恶狠狠地把它们甩到悬崖上,把这些大块的翡翠摔成尘雾和碎末。

海燕叫喊着,飞翔着,像黑色的闪电,箭一般地穿过乌云,翅膀掠起波浪的飞沫。

看吧,它飞舞着,像个精灵,——高傲的、黑色的暴风雨的精灵,——它在大笑,它又在号叫……它笑那些乌云,它因为欢乐而号叫!

这个敏感的精灵,——它从雷声的震怒里,早就听出了困乏,它深信,乌云遮不住太阳,——是的,遮不住的!

狂风吼叫……雷声轰响……

一堆堆乌云,像青色的火焰,在无底的大海上燃烧。大海抓住闪电的剑光,把它们熄灭在自己的深渊里。这些闪电的影子,活像一条条火蛇,在大海里蜿蜒游动,一晃就消失了。

——暴风雨!暴风雨就要来啦!

这是勇敢的海燕,在怒吼的大海上,在闪电中间,高傲地飞翔;这是胜利的预言家在叫喊:

——让暴风雨来得更猛烈些吧!

2. 请用描述法说说自己的一次旅行。

3. 选一篇情节跌宕起伏的小说,同桌之间做复述训练。

第四章 社交口才

第一节 学会倾听

 任务

掌握倾听技巧,学会倾听。

 读一读

案例1：

有一对年轻的夫妇来到书店,想给孩子买一些百科读物,当他们拿起一套百科全书看的时候,一个销售人员走了过来。他们之间开始了这样一场谈话：

顾客：这套丛书有些什么样的特点？

销售员：这套丛书可好了,昨天一天我们就卖了十几套。你看,这套书的装帧真是一流,真皮套,封面上的字都是烫金的,摆在书架上特气派。里面还有很多插图,插图都是彩色的,你看这幅,多美。还有,你看,这套书的内容是按照字母顺序编排的,查起资料来,特别方便。还有,你看……

顾客(忍不住打断他)：我们想知道……

销售员(打断了顾客的话)：我知道您想说什么。您想知道这套书写的是些什么内容。这套书的内容真的是包罗万象,天文地理,人文的、科技的……那可真叫一个无所不有、无所不包,应有尽有。这套书还附有详尽地形图的地图集,这对您肯定有用途。

顾客：我是为孩子买的……

销售员(再一次打断了顾客的话)：哦,原来是给孩子买的。没关系,这套书很适合孩子看的。你看,它有带锁的玻璃门,这样您的孩子就不会将它弄脏,还有,这书箱还是免费送的呢。我们正在搞活动,您真幸运,今天是活动的最后一天,您可以享受 6 折优惠。折后价才 108 元,我给您开票了。

顾客:我们不需要了。(转身离开)

案例 2:

那是一个圣诞节,一个美国男人为了和家人团聚,兴冲冲从异地乘飞机往家赶。一路上幻想着团聚的喜悦情景。但是老天突然变脸,这架飞机在空中遭遇猛烈的暴风雨,飞机脱离航线,上下左右颠簸,随时随地有坠毁的可能。空姐也脸色煞白,惊恐万分地吩咐乘客写好遗嘱放进一个特制的口袋。这时,飞机上所有的人都在祈祷。就在这万分危急的时刻,飞机在驾驶员的冷静驾驶下终于平安着陆。于是大家都松了口气。

这个美国男人回到家后异常兴奋,不停地向妻子描述他在飞机上遇到的险情,并且满屋子转着、叫着、喊着……然而,他的妻子正和孩子兴致勃勃地分享着节日的愉悦,对他经历的惊险没有丝毫兴趣。男人叫喊了一阵,却发现没有人听他倾诉,他死里逃生的巨大喜悦与被冷落的心情形成强烈的反差。在他妻子去准备蛋糕的时候,这个美国男人却悄悄地离开了家。

议一议

1. 说一说案例 1 中销售员销售失败的最大原因是什么?他的失败经历给你最大的启发是什么?假如你是这个销售员你会怎么做?
2. 请说一说案例 2 中的美国男人为什么会悄悄地离开家?

学一学

一、什么是倾听

倾听,就是认真仔细地听。倾听一般是指把身体、情感和智力融合在一起,是人们通过视觉、听觉媒介接收和理解对方信息的过程。当接收者理解发送者的本来意图时,就称为有效倾听。

倾听是沟通行为的重要组成部分。一项科学研究结果表明:在沟通行为中,阅读占 16%,书写占 9%,交谈占 35%。倾听包含两个方面的内容:首先是信息的接收。倾听者首先要接收信息,信息被倾听者接收是倾听的前提条件,如果倾听者没有接收到信息,那么倾听毫无疑问是失败的。其次,信息不仅要被接收,还要被充分理解。信息被倾听者接收是解码的前提条件,在此基础上倾听者需要分析发送者的价值观、世界观等,才能获取准确的信息,达到有效倾听。

关于一项友情的调查结果显示:拥有朋友最多的人不是能言善辩、引人注目的演说者,而是那些善于倾听的人。因为人在内心深处,都有一种渴望得到别人尊重的愿望。而说话有人认真地听,是获得尊重的一项重要的途径。学会尊重别人,才会获得别人的尊重。因此,学会倾听应该成为每个渴望事业有成者的一种责任、一种追求、一种职业自觉、一种职业素养。倾听影响着我们的社会交往。同时,倾听也影响着我们家庭生活的质量。

一篇题为《二十美金的价值》的小短文记录了这样的一件事情:

一位爸爸下班回到家已经很晚了,他很累并且有点烦,发现他五岁的儿子靠在门旁等他。

"爸,我可以问你一个问题吗?"

"什么问题?"

"爸,你一小时可以赚多少钱?"

"这与你无关,你为什么问这个问题?"父亲生气地问。

"我只是想知道,请告诉我,你一小时赚多少钱?"小孩哀求。

"假如你一定要知道的话,我一小时赚20美金。"

"哦,"小孩低下了头,接着又说,"爸,可以借我10美金吗?"

父亲发怒了:"如果你只是要钱去买毫无意义的玩具的话,给我回到你的房间并上床,好好想想为什么你会那么自私。我每天长时间辛苦工作着,没时间和你玩小孩子的游戏。"

故事中的父亲没有听听孩子要十美金的原因,就自以为是地断定孩子是自私的,而且还发怒了。这样的故事在很多父亲的身上发生着。很多家庭都可能发生过类似的事情,做父亲的工作一整天,回到家里,觉得终于可以喘一口气的时候,孩子或者妻子却要和他说话,这时候他就会感到非常厌烦,不是敷衍就是打断他们的说话。当这种情况一而再再而三出现的时候,家庭危机就会悄悄地滋长。

二、倾听的技巧

俗话说:会听的听门道,不会听的听热闹。那么,怎样才算会听?

倾听有层次之分。

倾听的第一层次:听而不闻。这是倾听的最低层次,即"入耳不入心"。这种层次的倾听算不得真正意义上的倾听,徒有其表而已。

倾听的第二层次:虚应故事。这种层次的倾听常以"附和"为特征。倾听者对对方的言说做出反应的方式常常用"是、是的、对对对"来敷衍,看起来对对方言说做出了反应,其实是心不在焉。

倾听的第三层次:选择性地听。所谓选择性地听,就是倾听者把自己的耳朵当作过滤器,只接收自己喜欢的内容,只对符合自己爱好、品味的内容做出反应,全不管对方的需要。

倾听的第四层次:同理心倾听。同理心倾听的出发点是为了理解而非回应,是更多地站在对方的角度和立场来理解对方。你不必以己度人,也不必费心猜测,你所要了解的是对方的心灵世界。

会听的人一定是站在对方的立场上,即通过专心倾听以达到感受说话者感情的目的,同时能用自己的话重复对方的所感和所指。在倾听中,用点头、微笑、提问等方式来让对方感觉到被理解和被接受。同时,会听的人还会注意观察信息发送者的非语言表达的部分。

怎样才能做到会听?倾听是有技巧可寻的。

1. 学会换位思考

在倾听过程中,应以发送者为导向而不是以倾听者为导向。倾听者应当把自己放在发送者的位置从而了解信息是怎么样被编码的。通过这样的换位思考,能够以"对方想要表达什么"为倾听的起点,不但有助于解决倾听问题,而且还能建立沟通双方更进一步的良好关系,达到有效倾听的目的。

2. 学会对对方的表达做出反应

(1)学会附和别人。要想告诉对方你非常认真地在听他说话,那么附和是一个最好的方法。附和是接受和承认对方的标志。附和意味着肯定。听的一方通过"附和"这一行为告诉对方他同意其说法。在对方说话时,不要一言不发地听,而必须要适时地加入一些附和对方的话,这样对于讲话的一方来说,也会更容易,更有兴趣再说下去。欧美人在听别人说话时不仅从语言上附和对方,还会加入一些肢体语言。比如点头,摊开双手,或者睁大眼睛表示惊奇等。附和的常用语是:是的、嗯、很好、对等肯定词。

(2)重复对方表述的内容并略作评价,以激发其继续讲述的兴趣。比如:"你是说你昨天刚从美国回来,美国有意思吧"这样就满足了对方想向你讲述自己旅行经历的欲望。"你说你女儿考上北京大学了呀,太厉害了",一句"太厉害了",就满足了对方的自豪感。

(3)归纳意思。"我明白了,我现在要做的事是……"这种方法多用于下级对上级的倾听。对方会感到下属强大的执行力,同时也会展示听者极强的理解力。

3. 保持安静

倾听的指导原则是在交谈过程中,80%的时间由对方说话,受众说话的时间只占20%。此外,应尽量让说话的时间有意义,也就是尽量用说话的时间问问题,而非表达自己的看法。不良倾听者要不就是把对话当作是宣扬个人身份或想法的机会,要不就是花比较多的时间思考下一个回复,而非真正倾听对方说话。不能保持安静,就无法倾听。而要抑制说话的冲动并不容易,必须伴随着耐心和练习,学会控制那股冲动,选择在适当的时机加入,改善对话的质量和效能。有些人天生就知道如何在"表达"和"打断"之间划下清楚界线,但大多数人必须靠后天努力才能做到。

4. 面带微笑,身体处于一种适度的偏紧的状态,与对方保持视线的接触

三、倾听的注意点

要想达到较好的倾听效果,还要注意以下几点:

1. 不要分神

倾听是一种沟通的技巧,这一技巧的第一信条就是给予对方全然的注意。你在听话时要有意识地把注意力集中起来,要努力把环境干扰压缩到最小限度,不要让任何事务打断你的注意,避免走神分心。

2. 不要做更多的回应

其实许多时候,对方不需要我们提供对问题的解答,我们只是借着倾听让那些受委屈的人有机会倾诉。所以,在倾听中我们只要认真地听着就可以了,没有必要给予对方更多的回应。很多时候,对方都会处于发牢骚的状态,不要害怕对方的牢骚,对方也不需要你对他的牢骚做出回应,你需要做的只是洗耳恭听。这就解决了问题的一大半。

3. 要注意非语言符号

既然交往在很多时候是通过非语言方式进行的,那么,就不仅要听对方的语言,而且要注意对方的非语言表达方式,这就是要注意观察说话者的面部表情、如何同你保持目光接触、说话的语气、音调和语速等,同时还要注意对方站着或坐着时与你的距离,从中发现对方的言外之意。同时,作为倾听者,在倾听的时候,要让自己面朝讲话者,眼睛望着对方的眼睛。要以你的姿势和手势证明你在倾听。无论你是站着还是坐着,与对方要保持在对于双方都最适宜的距离上。

4. 不要控制倾听者

许多人总是不愿意去倾听。有一种控制型倾听者,交际中总是设法打断交际对方的话语,倾听中寻找一种方式去谈论自己和自己所想的。"随意打断对方的讲话"和"凭个人喜好另起话题"都是倾听中忌讳的事情。

5. 不要反驳对方

倾听的目的是理解对方,所以在倾听中遇到想要反驳对方的观点时,一定要非常谨慎。除非你实在受不了,或对方根本对你无所谓,有可能的话引导他上另一个话题。

6. 要做积极的倾听者

人们通常认为倾听是件毫不费力的事情,他们的态度可能是"这与我无关,我只需要坐着听就行了"。谁都不愿和"木头人"沟通,沟通是属于交际双方的事情,一旦倾诉者从你这儿得不到回应,诉说就会变得淡而无味,从而让对方失去倾诉的欲望。甚至会引起他的防御反应,产生对你的不信任感和警惕性。倾听中不仅要听对方传达的信息,而且要"听"对方表达的情感。例如,一个工作人员这样说:"我已经把这些信件处理完了。"而另一个工作人员却这样说:"谢天谢地,我终于把这些该死的信件处理完了!"尽管这两个工作人员所出发的信息的内容相同,但后者与前者的区别在于他还表达了情感。一个不仅倾听工作人员讲话的内容,而且理解他的情感的细心的领导者,在下达新的任务以前,就已经取得了交往的高效率。

练一练

1. 听老师说一段话,复述出来。
2. 找一个说话对象听他说话,然后对自己此次倾听行为做一个评价。
3. 甲、乙、丙三人是好朋友。甲说:"公司裁员,从此我没工作了。"乙接:"没关系,此处不留爷自有留爷处。"丙接:"别愁,你手里的技术少有人掌握,昨天我看见××公司有此方面的招聘信息,下午我们一起去看看?"请说一说乙和丙哪一位是善于倾听的人,为什么?

第二节　学会交谈

 任务

掌握交谈技巧,学会交谈。

 读一读

案例1:

有一位推销员推销四吨重的载货大卡车,而对方要的是两吨重的载货汽车。可是最后,这个要买两吨载货汽车的人买了推销员载货四吨的卡车。下面是他们的交谈记录。

推销员:你们运的货,一般平均重量是多少吨?

客户:很难说,大概两吨左右吧。

推销员:也就是有时多有时少吧。

客户:是的。

推销员:你看,需要哪种型号的卡车,一方面要看您装多重的货,另一方面也要看您的车在哪种路上跑吧。

客户:那是当然的了。

推销员:您看您这儿是丘陵地带,您这里冬季又比较长,车子所受的压力是不是要比正常情况大一些啊?

客户:那是。

推销员:您冬天出车次数比夏天多吧。

客户:那是。冬天生意好得多。

推销员:有时货物装得多,又常在丘陵地带行驶,汽车是不是常常处于超负荷的状态啊。

客户:是啊。

推销员:一辆车总是满负荷,另一辆车从不超载,您觉得哪辆车的寿命长呢?

客户:当然马力大、载重量多的那辆。

案例2:

漆浩的《说话高手》中记载了意大利著名记者法拉齐采访邓小平的一件事情:1980年8月1日,法拉齐采访邓小平。一见面,法拉齐就向邓小平表示生日祝贺,说8月22日是邓小平的生日。邓小平说自己都不记得自己的生日了。法拉齐说是从邓小平的传记中获知他的生日的。但是邓小平说:"你既然这样说,那就算吧,我是从来也不记生日的。"但是邓小平对法拉奇的生日祝福并不高兴,他说:"就算明天是我的生日你也不该祝贺,因为我都76岁了。76岁,可是一个走向衰败的年龄。"法拉奇说:"邓小平先生,我父亲也是76岁,我要是说他是一个衰退的年龄,他肯定要给我一巴掌。"邓小平高兴地笑了,他们开始了愉快的交谈。

议一议

1. 案例1中的推销员最终如愿向客户推销了一辆载货客车,你能分析一下他成功的原因吗?

2. 案例2是一则成功采访案例的开头,说一说它的成功之处。

学一学

一、什么是交谈

交谈是人们口语表达中一种最基本、最常用的口语表达方式,是表达思想及情感的重要工具,也是人际交往的主要手段。

社会生活离不开交谈,人际交往离不开交谈,交谈艺术和交谈技巧直接影响着交际的效果。交谈在人际关系的"礼尚往来"中有着十分突出的作用。

交谈是一门艺术,而且是一门古老的艺术。"一人之辩重于九鼎之宝,三寸之舌强于百万之师。"在人类发展史上,交谈作为一种社会现象,是和人类劳动、生活、交际活动一起发展起来的。交谈的艺术性体现在:尽管人人都会,然而效果大不一样。所谓"酒逢知己千杯少,话不投机半句多",正说明了交谈的优劣直接决定着交谈的效果。与人进行一次成功的谈话,不仅能获得知识、信息的收益,而且感情上也会得到很多补偿,会让人感到是一种莫大的享受;而参与一场枯燥无味、死气沉沉的交谈,除了是时间上的浪费之外,还会有一种受折磨的感觉。

交谈是建立良好人际关系的重要途径,是连接人与人之间思想感情的桥梁,是增进友谊、加强团结的一种动力。"良言一句三冬暖,恶语伤人六月寒",说明交谈在交往中的作用是举足轻重的。一个人善于交谈就能广交朋友,给人带来友爱,为社会增添和谐,就能享受到社会特有的友情与温暖。在现实生活中,我们经常看到不少人因话不得体,伤害了亲友,得罪了同志,甚至有些人因言语失误,结怨结仇,操刀动斧,酿成生活悲剧。

交谈不仅是人们交流思想的重要手段,而且是学习知识、增长才干的重要途径。善于同有思想、有修养的人交谈,就能学到很多有用的知识,"与君一席谈,胜读十年书"就是对交谈意义深刻的总结。英国文豪萧伯纳曾经说过:"你我是朋友,各拿一个苹果,彼此交换,交换后仍各有一个苹果;倘若你有一种思想,我也有一种思想,而朋友相互交流思想,那么,我们每个人就有两种思想了。"可见,广泛地交谈可以交流信息、深化思想、增强认识能力和处理问题、解决问题的能力。因此,掌握交谈的礼仪要求、提高交谈的语言艺术,对于提高工作水平和工作效率具有极其重要的作用。

二、交谈的技巧

和陌生人交谈是人际交往的一个难点,但是又是人际交往中最基本的能力之一。每一个人与别人相识,成为朋友都是从陌生人开始的。

与陌生人交谈的时候,要有一个良好的开始,才能让交谈进行下去。交谈的过程中要时刻注意对方的反映,适时调整说话的方向和内容,尽量寻找彼此的共同点。

如何才能有一个良好的开头?

首先要主动。很多人与陌生人交谈时都会有一种紧张的心理。但是人总是要融入社会的,面对陌生人是每一个人必须面对的问题,俗话说一回生二回熟。与陌生人见面,当你主动向对方问声好,就在彼此之间架设了一道桥梁,为交谈准备了一个良好的氛围。

与陌生人打交道的前四分钟是最重要的,在这四分钟里,你将在对方的眼里留下第一印象。错过了这四分钟,你就永远不再拥有第二次去塑造你给他的第一印象的机会了。在这四分钟里,你可以向对方介绍自己,也可以在把握对方身份特征、兴趣爱好的基础上挑选对方擅长的领域征求意见。比如,和一个园艺师交谈你可以这样开头:"我想把花园中的一年生植物换掉,改种多年生的,您建议种什么好呢?"或对于一个在家或办公室办公的人,你可以问:"我想买一部传真机。您有什么好的推荐吗?"这样,就给了对方展示自己的机会,让他拥有了自豪感,你们之间的交流也就成功了一半。

做一个善于观察的人,恰当地利用你们交流的环境,开始你们的交流,也会让你们的说话顺利地进行下去。比如,你们相遇在餐桌上。在餐桌上能提供良好开端的话题是食品或酒:"好吃吗?我没有时间在厨房里真正地做一顿好饭。你自己做饭吗?"如果是在球场上相遇,选择一个球星作为开场白,也会让交流顺利地进行下去。

顺利地挑起话题,激起对方交流的热情之后,要注意做适当的停顿。这样可以让对方能够接上话或者能够打断你。成功的交流是由交流双方共同构建的,只有让对方接上话,才能让交流进行下去。开场之后的停顿,可以让对方感受到你对他的尊重,也把对方从被动的状态中解放出来,从而消减了他与陌生人交流的窘迫和紧张感,使得交流能够顺利地进行下去。

以上说的是与陌生人交流的一些技巧。针对不同的交流对象,交流所用的技巧各不相同。

与亲戚交谈的时候。要永远记住一条:血浓于水,亲情割不断。无论是和自己的近亲还是远亲打交道都要意识到家家有本难念的经,有理走遍天下的方法在处理家务事上是行不通的,"以情动人"是亲人之间交流的重要技巧。对于家庭中的任何一种关系,都是"情"重于"理"的,所以交流时一定要记得多包容、勿急躁。倘若和家人发生争执,或者需要你在家庭成员之间进行调节的话,最好都本着宽和理解的态度积极进行交流。

如果你的交流对象是同事或者是上司,就不能只讲感情了。在与上司和同事谈话时,尤其遇到与自己的意见不一致的时候,务必要以理服人,千万不能情绪用事,公私一定要分清。另外,有礼貌地对待对方也是取得交流成功的关键因素。在工作场合中与同事的交谈还需要耐心、智慧以及高度的语言敏感能力,了解工作伙伴的需要以及共同商讨问题背后产生的矛盾缘由,沟通时候的语速不要太快,否则,会让对方觉得你没有诚心和他交流,从而会对交流产生一定的抵触情绪。必要的时候要学会妥协。

总之,交谈一定要注意分析交谈对象的特点。战国时期著名的纵横家鬼谷子关于交谈有过这样的一段论断:"与智者言依于博,与博者言依于辩,与辩者言依于要,与贵者言依于势,与富者言依于高,与贫者言依于利,与贱者言依于谦,与勇者言依于敢,与愚者言依于锐。"这段话的意思是:和聪明的人说话,要见识广博;和见闻广博的人说话,要有辨析能力;与善于辩论的人说话,要简明扼要;与地位高的人说话,态度要轩昂;与有钱的人说话,言语要豪爽;与穷人说话,要动之以利;与地位低下的人说话,要有礼;与勇敢的人说话,不能稍显怯懦;与愚笨的人说话,可以锋芒毕露。这段文字精辟地阐述了与各种不同性格、特征的人交流时的办法。

三、交谈的注意点

实际的交谈中还有很多注意点,有人总结出交谈的七点法则,交谈时如果能遵循以下的七点法则,会让你的交流收到理想的效果。这七点法则是:

(1) 注意要先听后说,不抢话,不急于表达自己的看法。
(2) 注意自己的身体语言,放轻松并自然地传递信息。
(3) 倘若是一个正式场合,最好说之前打个草稿。
(4) 注意了解听众的需求,知己知彼方能百战百胜。
(5) 注意交谈的目的是提供解决问题的方法,而不是制造更多矛盾。
(6) 注意交谈的双方是平等的关系,要学会排除对交谈的恐惧感,自信地表达意见。
(7) 怀着一颗善良诚恳之心,怎么样都不会谈崩。

练一练

1. 单勇是一名农学专业的应届毕业生,但是他计算机学得很好,而且很喜欢计算机,所以毕业时,他决定到一家软件公司去应聘。招聘者问他为什么改行,请你帮他回答。

2. 小马坐火车出差,靠近窗口的座位上坐着一个四十五岁左右的妇女。妇女一直绷着脸,很不高兴的样子。小马很想坐到窗口,看一看沿途的风景,但这需要临窗妇女的同意。要是你是小马,你如何和临窗的妇女交谈,以实现自己的心愿?

第五章 社交口才艺术

第一节 赞美与批评的艺术

任务一

学会赞美。

读一读

案例1：

有个笑话说的是，两个书生刚被任命去做县官，离京赴任之前，去拜访主考老师。老师对学生说："如今世上的人都不走正道，逢人便给戴高帽子，这种风气不好！"一个书生说："老师的话真是金玉良言。不过，现在像老师您这样不喜欢戴高帽子的能有几个呢？"老师听了非常高兴。这个书生出来以后，对另一个书生说："高帽子已经送出一顶了。"

案例2：

意大利有个著名女高音歌唱家的传记中有这么一段精彩情节，说她少年时代就有歌唱天赋，被誉为少年之星，于是父亲为她请了一位罗马最负盛名、年轻有为的音乐教师。这位音乐教师造诣非常高，她的一丝一毫错误都逃不脱他的耳朵。教师对学生非常严，绝不放过她的任何一点错误。这位小姐为音乐教师超凡的才华倾倒，渐渐爱上了他，因此每次面对音乐教师唱歌，她都很紧张，渐渐地她歌唱得越来越生硬，表现得越来越差。音乐厅开始很少请她唱歌了。几年后她与这位音乐教师结了婚，也就放弃了歌唱生涯。后来，音乐教师不幸因车祸去世了。岂料丈夫的不幸却成了她事业的转机。有一天来了一位推销员，她正好在家唱歌赋闲。推销员夸赞说："你的歌唱得真好，我很少听到这种

美妙的歌喉,你为什么不去音乐厅唱呢?"她忧郁地说:"没人请。""怎么会呢,我可以推荐你去一间音乐厅。"推销员自告奋勇地说。最后,她买了他的商品,他出于感激,也真的帮她联系了一间音乐厅。演唱的那天,推销员叫了许多熟人朋友,坐在前排,她一唱完,他们就拼命鼓掌欢呼,他又及时献上鲜花。得到这么多人的鼓励,这位未来的歌唱家决定继续唱下去。以后,每当她登台,推销员就必定坐在前排,掌声最热烈,还为她献上一束饱含情感的鲜花。在他的真诚鼓励下,她又恢复了原来的自然清新的歌喉,歌唱得越来越好,最后终于成为意大利著名女高音歌唱家。

 议一议

1. 读了案例1,说一说你有什么感受。
2. 说一说案例2的故事给了你什么样的思考。

 学一学

一、赞美的艺术

赞美是发自内心的对于美好事物表示肯定的一种表达。

心理学家找了两组小孩做实验:首先让他们长跑消耗体能,然后,一组小孩被批评,另一组受表扬,结果马上检验体能时,发现被批评的那组小孩像泄了气的皮球,更没力了,而受表扬的那组小孩全都兴奋得小脸红彤彤的,体能迅速恢复。还记得我们是怎么学走路的吧,也许大家都不记得了,但是如果我们注意观察就会发现,那些摇摇晃晃的学走路的孩子,只摇晃了那么两步,父母就赶紧过去抱起他,亲他,表达的是"你真了不起,你真可爱",于是,下次小孩就能走得更远,父母又兴高采烈地过去美滋滋地拍拍小孩,这样小孩终于能直立行走。喜欢被人赞美是人的自然本性。而对他人恰如其分的赞美能使我们更好地与人交往,从而增进彼此之间的友情和友谊。在所有的语言中,赞美之辞是钻石。西方谚语说:赞美好比空气,人人都不能缺少。赞美是推动、促使一个人进步的重要力量,也是一个人内心深处的人性需求,还是人际交往中的润滑剂。一个人即使别的方面不强,但只要懂得了赞美的方法,在人际交往中也一定能如鱼得水。

二、赞美的类型

作为社交语言中一种常见的语言交际形式,赞美语言可以从不同的角度做不同的分类。

1. 从赞美的场合上分类

从赞美的场合上分类,可以把赞美分为当众赞美和个别赞美。

(1)当众赞美,是指面对特定的组织、团体、群体等,对某人或者某事的赞美。常见的形式有表彰会、总结会、庆功会等,这种形式可以充分调动全体人员的积极性,具有极强的鼓动性,宣传力度较大,影响范围较广,有利于营造一种热烈的氛围,产生一定的轰动效应。但是这种赞美也存在一定的局限性,它受时间、空间限制,如果运用不当,容易流于形式和走过场。

（2）个别赞美,是指针对个别人,以谈话的形式对人或者事进行表扬。这种形式使用方便,不受时间、地点的限制,自如灵活,而且针对性较强,能够解决一些具体的问题,效果比较明显。

2. 从赞美的方式上分类

从赞美的方式上分类,可以把赞美分为直接赞美和间接赞美。

（1）直接赞美,是指用言语当面对人予以赞美。这是一种常用的表扬形式,这种形式直截了当,不拐弯抹角,只要客观、真诚,就会有好的效果,而且不会造成传达和理解上的障碍。小华是个漂亮又聪明的姑娘。她每次买西瓜都能买到又大又甜的西瓜。大家叫小华传授经验。小华说,她之所以能买到又大又甜的西瓜,是因为她和卖瓜师傅交情好,而友谊的建立源自于她会夸人。话要从她一次买瓜说起。那一天,她刚学会了赞美,买瓜时,她对卖瓜的师傅说:"师傅,昨天我从您这儿买的那个瓜可是这个夏天我吃的最甜的一个瓜！您可真是会挑瓜！麻烦您再给我挑一个！"当面对卖瓜师傅挑瓜技艺的赞美,让卖瓜师傅心里甜滋滋的。那一个夏天,小华因为赞美别人,享用了卖瓜师傅专心挑选的甜西瓜。

（2）间接赞美,是指通过第三者来赞美某人某事的形式。使用间接赞美,要注意分寸、讲究策略。运用这种形式往往是不便当面赞美,或者是找不到合适的时机去说,从而借用他人之口转达自己的好意。在一般人的心目中,第三者所说的话较为公允、客观、公正,所以间接赞美更能赢得被赞美者的好感和信任。间接赞美尤其是在关系不太融洽的双方之间使用,效果最为理想。德国历史上著名的"铁血宰相"俾斯麦,当时为了拉拢一位敌视他的议员,便故意在别人面前赞美这位议员。俾斯麦知道,那些人听了自己对这位议员的赞美后,一定会将话传给他。果然不久,这位议员和俾斯麦成了不错的政治盟友。

在现实生活中,如果一个上司经常对下属说一些勉励的话,可能还不会让下属产生太大的感触,但当下属有一天从第三者的口中听到了上司对自己的赞赏后,相信一定会深受感动,从而也会更加努力地工作,以报答上司对自己的"知遇"之恩。多在第三者面前赞美你想赞美的人,是你与那个人融洽关系、增进交往的最有效的方法。如果有位陌生人对你讲"某某经常与我谈起你,说你是位了不起的人",相信你的愉悦心情一定会油然而生。这也就是说,我们要想让对方感到愉悦,就应经常在第三个人面前赞美他,这种赞美要比你站在对方面前说"我是您忠实的崇拜者"来得更让人舒坦。

1997年,金庸与日本文化名人池田大作展开了一次会谈,会谈的内容后来辑录成书出版。在会谈刚开始时,金庸表示了谦虚的态度,说:"我虽然过去与会长（指池田）谈过,深知不是同一个水平,但我很高兴尽我所能与会长对话。"池田大作听罢赶紧说:"您太谦虚了,您的谦虚让我深感先生的'大人之风'。在您72年的人生中,这种'大人之风'是一以贯之的,您的每一个脚印都值得我们铭记和追念。"池田说着,请金庸用茶,然后又接着说:"正如大家所说,'有中国人之处,必有金庸之作',先生享有如此盛名,足见您当之无愧是中国文学的巨匠,是处于亚洲巅峰的文豪,而且您又是世界'繁荣与和平'的香港舆论界的旗手,真是名副其实的'笔的战士'。《左传》有云:'太上有立德,其次有立功,其次有立言,是之谓三不朽。'在我看来,只有先生您所构建过的众多精神之价值才是真正属于'不朽'的。"在这里,池田大作主要采用了"借用他人之口予以评价"的间接赞美方式,无论是"有中国人之处,必有金庸之作",还是"笔的战士""太上……三不朽"等,都是舆论界或经典著作中的言论。借助这些言论来赞美金庸,显然既不失公允,又能恰到好处地给对方以满足。

3. 从赞美的用语上分类

从赞美的用语上分类,可以将赞美分为直言赞美和反言赞美。

(1) 直言赞美,是指对要赞美的对象用正面语言加以赞美的形式。这种赞美开门见山,直截了当,使用灵活,形式多样,应用范围非常广泛。

(2) 反语赞美,反语是所表达的意思同表面意思相反的一种修辞方式。反语赞美,是指用反语来赞美某人或者某事的形式。它新奇巧妙,幽默含蓄,委婉别致,耐人寻味,有着比一般赞美效果更好的优势。下面根据反语赞美的表现形式,归纳以下六种方法。

① 反语移植:在人际交往中,反语形成了表达批评和讽刺的一般语言定势。而有时,同是一句反语,在此显示批评讽刺,在彼却恰恰表达颂扬和赞美。因此,利用反语移植变意的特点,与赞美事物巧妙结合,就会成为恰当的赞美。某制药厂的厂长赞美他的药剂师们说:"为了减少药物的副作用,在正式投产前,他们对新药抢吃抢喝。我严格控制,他们又不择手段,多吃多占,在自己身上反复试验。"这些话,常用于揭露自私自利者为满足私欲而无所不为。在这里,赞美者抓住药剂师的工作表现特点,用贬义语巧妙地赞美药剂师大公无私的献身精神。既妙趣横生,又恰如其分。

② 反语责备:即表达赞美时,赞美者故意用责备的语言运载赞美心声,吐露赞美真情。女工小刘,已近而立之年,仍未婚配。后经好友张姐介绍,与一位工程师喜结良缘。张姐前去贺喜,小刘佯装愠怒说:"都怪你给我牵线搭桥,让我和他白头偕老,破坏咱俩的姐妹感情,太不够意思了!"小刘的这番话表面上是指责牢骚,但感谢赞美之情洋溢其中。所以,张姐嫣然一笑,谦虚地回答:"感谢你的赞美。如果不是你俩有缘,我就是能架起一座长江大桥,你们也不愿意通过啊!"

③ 反语设喻:即用被赞美者的长处巧设反语比喻,表达意在言外的赞美之情。一家医院的大夫们在接受电视台记者采访时,赞美他们的院长说:"在我们医院搞走后门的事,一到我们院长那里,他准'脑栓塞',给你卡回去。""脑栓塞"本是致命的疾病,在此,赞美者以其阻碍血液循环为恰似点,与堵后门相联系,构成反语比喻,流露出言外的赞美,既形象鲜明,生动风趣,又情真意切。

④ 反语埋伏：即表达赞美时，赞美者首先故意口吐狂言，设下反语埋伏。听者为之一惊时，即刻承接反语逆转直下，抖开语义相反的赞美"包袱"。某中学的一位班主任老师，用自己的钱给一名失去母亲的学生买棉衣。因考虑学生不忍心接受，便谎称是学校领导发给的助学金。学生的父亲向校长表示感谢。校长莫名其妙，反复调查。真相大白后，校长郑重其事地对这位班主任说："你犯了'诬陷罪'！"这位班主任大惊失色，顿时语塞。正待发作时，校长乐呵呵地说："你拿自己的钱救济学生，甘当无名英雄，却说我们是雷锋！"这位班主任才转怒为喜。在这里，这位校长首先用荒唐的反语极力贬低。然后，以贬引褒，顺理成章，赞美这位班主任关心学生、不计名利的思想品质。这种赞美，反语出口，听者吃惊，出现心理落差，待抖开"包袱"时使被赞美者恍然大悟。

⑤ 反语夸张：赞美者故意用反语言过其实，使听者初听是意外的贬低，细想才觉得赞美之情溢于言表。一位石油钻井队长赞美他的队员们说："当滚滚的原油冒出地面时，我们队员个个垂涎三尺，贪得无厌，恨不得一下子把地下的原油'喝'个干！""垂涎三尺"和"贪得无厌"，原意是见了别人的东西就眼红，贪婪不满足，这位队长巧妙借作，夸大其词，表达弦外之音，赞美石油工人为多做贡献，忘我工作的奉献精神。这种赞美，犹如放大镜，使抽象变具体，言有尽意无穷。

⑥ 反语代正：在特定的条件下，赞美者真话假说，直接以坏取代好，以丑取代美，被赞美者又心照不宣，这绝非恶意的攻击，而是发自内心的真诚赞美。比如，在一次五好家庭表彰会上，一位记者当着他妻子的面，介绍自己戒烟成功时说："我之所以戒了烟，是因为'妻管严专政'发挥了作用！"听众报以热烈的掌声，记者的妻子也羞涩甜蜜地笑了。"妻管严专政"，本意是妻子过分限制丈夫的自由。这位记者直截了当，反其意而用之，赞美妻子无微不至的关心和爱护。这种赞美，委婉含蓄，诙谐风趣，表达淋漓尽致。

三、赞美的技巧

赞美是一种能引起对方好感的交往方式。没有人喜欢被别人指责，相反，每个人都有被重视、被赞美的心理需求。赞美、肯定我们的人，和不赞同、否定我们的人，我们更喜欢前者，这符合人际交往的酬赏理论。但是，并不是说我们有赞美的意愿就可以起到预期的效果，我们需要掌握使用赞美语言的一些相应的技巧。

1. 背后赞美法

中国有句古话叫背后莫论人非。但是，若是背后赞美人，传到被赞者的耳朵里，却是事半功倍，被赞美的人更容易接受赞美者的心意。背后赞美人，含金量更高。

《红楼梦》中的贾宝玉出身于钟鸣鼎食之家、诗礼簪缨之族的荣国府，祖上三代世职。其父贾政是朝廷的工部员外郎，他极盼自己的儿子宝玉能从科甲出身，从而光宗耀祖。但事与愿违，贾宝玉从小淘气异常，不愿读书上进。薛宝钗用心良苦，劝他好好用功，贾宝玉却对此大为反感，对着史湘云和袭人说："林姑娘从来说过这些混账话吗？要是她也说过这些混账话，我早和她生分了。"恰巧黛玉此时走到窗下，听到宝玉对自己的赞美，一时又惊又喜，又悲又叹。之后，宝黛二人互诉衷肠，更加亲密无间。在黛玉看来，宝玉在

背后赞美自己,而且不知道自己会听到,这种赞美就是发自内心的。

2. 先抑后扬法

"先抑后扬"顾名思义就是先否定后表扬,否定过去,肯定现在。

一财主为其母摆寿宴,多次邀请唐伯虎,唐伯虎推辞不得,只得出席。席间,财主请唐伯虎为其母题诗以贺,唐伯虎在众人面前更不好推辞,乃乘酒兴挥笔写了第一句:"这个婆娘不是人。"财主五兄弟脸上顿现怒色,"婆娘"有鄙视之意,"不是人"的评价任谁也受不了啊。唐伯虎不以为意,稍一蘸墨,题出第二句:"九天仙女下凡尘。"财主五兄弟脸色立即阴转晴,厅上掌声一片。掌声未已,伯虎又挥毫写下第三句:"生下五男都是贼。"这还得了?财主五兄弟怒目圆睁,几乎要挥拳了,虽然财富的积累过程的确有剥盗之嫌,可也不能当这么多人面来羞辱啊!唐伯虎微微一笑,写下了最后一句:"偷得蟠桃献母亲。"宾客们掌声雷动,财主五兄弟眉开眼笑。五个人能到天上去偷蟠桃,也非俗子啊。九天仙女又吃了能长寿的蟠桃,可是万寿无疆了!这个马屁拍得可谓惊险刺激而绝妙。

3. 无声赞美法

前面说的几种赞美技巧都与说相关,其实很多时候,用肢体语言传递出的赞美也很有效。我们介绍两种"无声赞美"的方法。一是"用微笑赞美"。微笑可以说是人际交往的魔力开关,是人际交往成功的秘诀,它能散发凡人无法抵挡的魅力。南方有一家公关公司的一位秘书小姐,大家都公认她公关素质非常优秀,当公司与人谈生意,双方为讨价还价陷入尴尬时,她就会出现,给每人倒一杯茶,微笑着说:"做生意嘛,和气生财,这样吧,我们让点价。"于是一桩买卖成交了。二是学会做一个好的听众。人人都觉得自己所说的话值得听。因此听人说话也是对人一种暗示性的赞美。温莎夫人,一位传奇般的美国寡妇,她的魅力改变了大英帝国的历史——令爱德华八世弃江山而爱美人。于是众多文人猎奇,探究其魅力何在。请看这样一段描写:"当温莎公爵讲话时,温莎夫人用右手支撑着下腭,身体微微前倾,双眼含情脉脉地看着温莎公爵。"试想想,有这样一位美人脉脉含情地听着,温莎公爵能不越讲越带劲吗!推销界强调推销员要做大耳朵、小嘴巴,少说多听。推销保险,绝不是简单地介绍条款,而是要找到别人的需求,然后去满足他。唯有听是找准客户需求的途径。弗洛伊德说:"如果你能使别人说得足够多,他就无法掩饰其实质的感情或真正的动机。年轻人喜欢展望未来,年老人乐意沉湎过去,认真地听年轻人说话是对年轻人的鼓励,认真听老人说话是对老人的敬重。"

4. 以面带点法

这种赞美法是通过赞美对方所在的一个集体、一个类别而达到赞美对方的目的,这种方式不是直接赞美对方,而是针对对方的优点,赞美对方优点所在的层面。这样以面带点,言在此而意在彼,能让对方更自然地接受赞美的诚意。有一次,某推销员通过关系,获得了一个去某公司推销化妆品的机会,而且出乎他意料的是,该公司还给了他十分钟的演说时间。他得知该公司的女员工基本来自于苏南,尤其是该公司的老板就是苏州人。所以,到公司的时候,他没有先介绍自己的产品,而是大谈苏州与美女的联系,演讲主题紧紧围绕"自古江南多美女"展开,说得众位美女笑靥如花,然后他才水到渠成地转入对产品的介绍。钱钟书的《围城》中,方鸿渐初次见到苏文纨的表妹唐晓芙,博得唐晓芙芳心大悦,用的也是这一招。听苏文纨介绍唐晓芙学的是政治,方鸿渐于是说了这样一通话:"女人原是天生的政治动物。虚虚实实,以退为进,这些政治手腕,女人生下来全有。女人学政治,那真是以后天发展先天,锦上添花了。我在欧洲,听过 Ernst Bergmann 先生的课。他说男人有思想创造力,女人有社会活动力,所以男人在社会上做的事该让给女人去做,男人好躲在家里从容思想,发明新科学,产生新艺术。我看此话甚有道理,女人不必学政治,而现在的政治家要想成功,都得学女人。政治舞台上的戏剧全是反串。老话说,要齐家而后能治国平天下,请问有多少男人能管理家务?管家要仰仗女人,而自己吹牛说大丈夫要治国平天下。把国家社会全部交给女人有多少好处?"这段对女人的赞美,让唐晓芙充分感受到了作为女性的尊严感,自然是如沐春风,对方鸿渐好感大增。

四、赞美的注意点

赞美能够给人愉悦,赞美得当可以在交际双方之间搭起一座"心桥"。要想取得理想的赞美效果,还要注意以下几点:

1. 赞美要具体

不要使用似是而非、模棱两可的话赞美人,比如"还可以吧""看起来还不错"。你想,要是有人夸你"你真的很棒",那你一定想知道:为什么我很棒啊,我到底棒在哪里?但是对方却没有了下文,你是不是会感到很失望,以至于觉得对方在敷衍你。所以,赞美别人,一定要知道自己赞美对方的是什么,最好能够准备具体的描述,否则,别人会怀疑你的诚意。小李毕业之后自己创业,在商海中摸爬滚打,终于有了自己的一个小公司。有一单生意,他必须见到某个大公司的老总。而要见到该公司的老总,必须要经过总裁秘书这一关。来找该公司老总的人很多,因为要过秘书这一关,小李眼看着这些人都讨好秘书,有的夸她漂亮,有的夸她有气质。但小姑娘几乎是刀枪不入,一概一脸严肃。只有用心认真地去观察对方,才能发现对方真正的优点。你说出他的优点越多越具体,就越说明你对他的关注度高。如果你能具体详细地说出对方与众不同的地方,你赞美的效果将会大不相同。因为具体是可以看到、可以感觉到的,对方会从你具体的描述中感受到你的真诚,从而接受你的好意和诚意。既然具体的赞美可以收到这样的功效,那么我们如何观察才可以发现别人具体的优点,并且用恰当的语言表达出来呢?

(1)指出具体部位,说明特点。这适用于对外表的赞美。我们可以从对方的脸型、眉毛、穿着等方面发现对方的闪光点,然后给出具体的评价。20世纪70年代,毛泽东接见尼克松女儿、女婿时,发现尼克松的女婿一直盯着自己,毛泽东很疑惑,问他为什么老看着他。尼克松的女婿回答说:"我觉得您脸的上半部分长得很好看……"毛泽东哈哈大笑,会面就在谈笑风生中开始了。

尼克松女婿的聪明之处在于他没有笼统而抽象地夸赞毛泽东,而是具体地指出了毛泽东的特别之处,传递了自己对毛泽东由衷的欣赏,让对方感受到了他的真诚。

(2)列出事实,给出具体的评价。比如做老师的对学生说:"你真聪明,尤其是第三道题目的解题思路真是不同寻常。"夸一个女子:"你真会穿衣服,你看这丝巾配这长裙,可真是画龙点睛之笔啊,真是飘逸!"

(3)和名人相比。名人一般都是大家崇拜的对象。若是把赞美对象和名人相提并论,这样的类比自然提高了被夸者的身份地位。比如夸一个人会唱歌:"你简直就是刘欢第二呀!"

2. 赞美要适度

赞美适度一是指不要对人一味地赞美。滔滔不绝的赞美有谄谀之嫌。谄谀与捧杀,都是带糖衣的毒品。这种"赞美",或言不由衷,或夸大到令人难以置信的地步,或无中生有、张冠李戴、夸赞对方并不具有的优点、长处,甚至心怀叵测地夸赞对方的缺点、错误,以达到不可告人的目的。二是指不要同时赞美很多人。如果你连带赞美了被赞美对象否认的人,那就会影响你的赞美效果。就算是连带赞美了被赞美对象认同的人,别人也会怀疑你的诚意,误以为你的赞美具有"批发"的特征,从而削减你的赞美效果。

3. 赞美要及时

常言道:美酒饮到微醉后,好花开到半开时。见到、听到别人值得赞美的事,一定要停下自己的事情去赞美。比方说:一个天资并不出色的学生经过努力,终于在全省技能大赛中获得了二等奖,这对于他来说,是一件多么重大的事情啊。然而,作为老师,很多天以后,才想起这件事,才对同学们说,要向他学习,这位学生恐怕早已失却了激情。在生活中,我们往往会因为顾虑太多,或是因为碍于面子,赞美的话明明就在嘴边,却没有说出口,给自己造成了遗憾。在美国加州的一个小镇上,有一位老实的送货员经常送货到一家百货店,不论是晴天还是雨天,只要拨一通电话,就立刻送到。直到有一天送货人换了一个小女孩儿。老板就很奇怪地问道:"小妹妹,以前送货的那位老先生怎么没有来呢?"小女孩告诉老板说:"他是我的爷爷,已在一个星期前去世了。"只瞧见那老板又惊讶又感叹地说:"他真是一个好人啊,我要感谢他。而这句话一直放在我心中很久了,我很后悔一直没有告诉他。"小女孩望着老板的脸说:"我爷爷要是早知道有人这么称赞他、感谢他,那就太好了。"

练一练

1. 运用赞美技巧赞美一个人,看看赞美的效果。
2. 生活中你有赞美没有得到回应的经历吗?记录下来,分析一下原因。

第五章 社交口才艺术

任务二

学会批评。

读一读

案例 1：

春秋时期，齐景公为了巩固自己的政权和地位，也为了顺利地收取各种税赋，他制定了一系列高压政策，凡有作奸犯科者，无论轻重与否，一律严惩不贷。为此，有的人失去了双脚（罪行稍轻的，则砍去一只脚或一只手），有的人失去了双手，有的人失去了双耳……然而，人非圣贤，孰能无过。在这种残酷的统治下，老百姓苦不堪言，怨声载道，却又无计可施。

对于这一切，齐国贤相晏子看在眼里，痛在心里。他很想直接向齐景公谏言，痛斥酷刑之弊端，并让齐景公废除这些有失人道的刑罚。可是，他又担心直言进谏，会让齐景公下不了台。齐景公这人生性好强，又高高在上，不一定会采纳他的意见，要是在朝堂上触怒了国君，不仅达不到进言的目的，还可能会让自己身陷囹圄。晏子知道，伴君如伴虎，逞一时之能，只会得不偿失。经过一番深思熟虑，晏子最后还是决定将这件事暂时放一放，等以后有机会再向齐景公进谏。

一天，晏子陪齐景公在花园里闲逛，君臣二人侃侃而谈，十分愉快。就在这时，齐景公像想起什么似的，突然对晏子说："先生住在市集附近，想必对市井的行情非常了解，您一定知道市场上什么东西最贵，什么东西最便宜吧？"

听了齐景公的问话，晏子不觉眼前一亮，困扰在他心中多日的难题，终于有了解决的办法。晏子明白齐景公话里的意思，他无非是想追求最昂贵的奢侈品，以满足自己的私欲。于是，晏子顺着齐景公的话意，不慌不忙地说："回大王，目前市场上最昂贵的东西当属假脚，贵到可以与金银珠宝相提并论；最便宜的东西当然是鞋子，便宜到不值一文。"

晏子的回答大大超出了齐景公的预料，他好奇地问："先生，这是何故？难道大家都不喜欢穿鞋子了吗？"

晏子故作释然地说："这有什么奇怪的，因为犯了大大小小的罪过，被砍去脚的人不计其数，鞋子对他们来说毫无用途，倒是假脚能派上用场，所以大家都争先抢购，假脚一时成了最紧俏的物品。"

齐景公听后哭笑不得，知道齐国的刑罚过于苛刻。不久，他下令废除了一些不合理的律法，减轻了刑戮。从此以后，齐国被砍脚的人明显减少了，举国上下无不欢呼，大家四处传颂着齐景公的恩德。

案例 2：

北宋政治家、文学家欧阳修与"枝头春意闹,一枝红杏出墙来"的宋祁奉皇帝之命修撰《新唐书》。宋祁写文章时,喜欢用别人看不懂的冷僻字来显示自己的博学多才。欧阳修对此颇不以为然。欧阳修觉得,史书的文字还是应该明白晓畅。他决定找个机会告诉宋祁。有一次,欧阳修去探望宋祁,不巧宋祁不在,于是欧阳修在门上留下一句话:"宵寐匪贞,札闼洪休。"宋祁回来之后百思不得其解,只好跑去问欧阳修。

欧阳修见宋祁疑惑的样子,哈哈大笑起来,说:"你忘了,这八个字是'夜梦不祥,题门大吉'啊!"宋祁听罢,埋怨欧阳修干吗要用这些让人看不懂的字呢。欧阳修趁机反驳道:"这就是您修唐书的手法呀!'迅雷不及掩耳',多明白的字句,您偏写成'震雷无暇掩聪',这样写出的史书谁能读得懂呢?"听了欧阳修的话,宋祁深感惭愧,表示以后要改掉这个毛病。

议一议

1. 如果晏子采用单刀直入、开门见山的方法批评齐景公,会有什么样的结果?
2. 你觉得欧阳修批评宋祁好在哪里?要是你,你会怎么做?

学一学

一、批评的概念

批评是什么?批评是为帮助人、警醒人而指出别人的缺点和错误。金无足赤,人无完人。在这个世界上,谁都可能会犯错。但是,如果面对别人犯的错误,简单地采用当面指责,态度鲜明地表明自己的态度或者揪住对方的错误一味地指责,不仅达不到帮助别人的本意,而且还可能会激起对方的反感,影响交际双方的人际关系。所以,我们在对别人的过错进行批评时,千万不要以为"忠言逆利于行",而是要力求"忠言顺耳",掌握一些批评的原则和批评的技巧,使批评之言也能贴切中听。

二、批评的注意点

批评要有原则,不能以个人的好恶作为批评的标准。批评应该遵循以下原则:

一是"适时性"原则。忠言虽然利于行,却往往因为"逆耳"让被批评的人压根就听不进去,从而影响批评的功效。

很多做家长的,在孩子犯了错误之后,立马来一个单刀直入、急风暴雨式的批评,希望能够及时纠正孩子的错误。然而往往事与愿违——孩子根本听不进家长的教诲。这就是没有找准批评的最佳时机。因为人在刚刚犯错误的时候,由于思维惯性和行为惯性,往往意识不到自己犯错,依然处于一种自以为是的状态,听不进别人的反对意见,对批评自然是采取抵触的状态,这种状态下的批评一般也就只能以败北草草收场。还有人批评人,选择在事情过去很久,当事人已经把事情忘记了,他才开始批评,这样也违背了"适时性"原则。因为批评是为帮助人、警醒人而指出别人的缺点和错误。当一切已经时过境迁,当事人已经淡忘事情的经过,在接受批评的过程中,他们自然也就无法回到当时的具体情境中审视自己行为的不当之处,这样也会影响批评的效果。

二是"适境性"原则。如果说"适时性"原则强调对时间的把握,那么"适境性"原则更侧重于对空间的掌控。当一个事件发生的影响比较大,需要所有人员了解和警惕的时候,则需要大规模、大范围的批评,让其他人了解事情的严重性,以防止类似事情的再次发生。如果事情并不很严重,尤其是关系到个人隐私,除了对当事人自己,对其他人并没有太大影响的时候,批评更适合私下进行。古人云:归过于私室,扬善于公庭。有人说:表扬用喇叭,批评用电话。不当众批评人也是批评必须遵循的一个原则。谁都有自尊心,大庭广众之下批评人,容易让被批评的人自尊心受损。

三是"适宜性"原则。适宜主要是针对批评对象而言的。批评要与批评对象的情绪适宜,与批评对象的性格适宜。如果批评对象正处于火头上的时候,批评就不能乘胜追击,否则,批评往往会成为批评对象不良情绪的源头,造成两败俱伤;批评还要顾及批评对象的性格特征。倘若批评对象性格内敛,批评的语言一定要委婉、含蓄、幽默。

三、批评的技巧

批评存在一定的技巧,批评讲究方法,态度诚恳,方可让人心悦诚服,达到"出于我之口,入于人之耳,达于人之心"的效果。因此,我们有必要学习一些批评的技巧。

1. "夹心式"批评

所谓"夹心式"批评是指将批评包裹在赞美、表扬之中。"夹心式"批评将对他人的批评夹裹在前后肯定的话语之中,减少批评的负面效应,从而使被批评者愉快地接受批评。人人都喜欢受人称赞,人类本质中最殷切的需求是渴望被肯定。人类与生俱来就有一种正常的心理防卫机制。当受到批评时,第一反应是"我真的错了吗",紧接着心理就会开始找理由为自己辩解。所以,批评者后面所说的话几乎都无法进入被批评者的耳朵。"夹心式"批评将批评包在赞美中,让被批评者在接受赞美的同时也心情愉快地接受批评,这种批评往往会起到"随风潜入夜,润物细无声"的效果。管理学上有一个著名的肥皂水效应,是由美国前总统约翰·卡尔文·柯立芝首先提出的。约翰·卡尔文·柯立芝于1923年成为美国总统,他有一位漂亮的女秘书,人虽长得很好,但工作中常因粗心而出错。一天早晨,柯立芝看见秘书走进办公室,便对她说:"今天你穿的这身衣服真漂亮,正适合你这样的漂亮小姐。"这句话出自柯立芝口中,简直让女秘书受宠若惊。柯立芝接着说:"但也不要骄傲,我相信你同样能把公文处理得像你一样漂亮的。"果然从那天起,女秘书在处理公文时很少出错了。

2. "装聋作哑式"批评

"装聋作哑式"批评是指面对被批评者犯的过错,故作不知,而是故意曲解被批评者所做的事情,从而让被批评者自己去改错。现在办公室里的电脑使用越来越普及,而且电脑的档次越来越高,同事们不仅需要学习电脑、使用电脑工作,也可以用电脑消遣打发一下时间,甚至有人玩电脑游戏以致影响了工作。某公司有位平时表现很不错的新员工张某,突然对电脑游戏着了迷,不仅上班时间有空就打游戏,而且下班以后还经常加班加点打游戏。有一天晚上,公司总经理下班以后又回来取遗留在办公室的文件,因为第二天出差必须使用。当总经理路过这位员工所在的座位时,这位员工正全神贯注地打游戏,并没有注意到总经理已经来到了他的身后。这时总经理注意到这位员工并不是在加班而是在玩电脑游戏,心中不免不满,但公司规章里规定上班时间玩电脑游戏者要被罚款,可现在是下班时间,如果罚款小张肯定心里不服,而且简单制止又未必能起到防止未来不再犯的作用。总经理很快想出一个方法,既不会引起小张的逆反情绪,又可让其接受批评,于是就上前去轻轻拍了拍他的肩膀,并心平气和地说了句:"小张呀,这么晚还在加班哪,多注意身体呀!"张某蓦然看着总经理,知道自己错了。从此以后,张某再也不在办公室玩电脑游戏了,而且工作更加兢兢业业。

3. "幽默式"批评

出于善意的幽默批评不同于尖刻的讽刺、嘲弄,这是由批评者的出发点及态度决定的。幽默虽然只有三言两语,却轻松诙谐,深寓哲理而启迪人的心智,使人开窍。巧用幽默的话,表达批评的含义,往往胜过其他的语言。比如,一位青年拿着乐曲手稿去见名作曲家罗西尼,并当场演奏。罗西尼边听边脱帽。青年问:"是不是屋内太热了?"罗西尼说:"不。我有一个见到熟人就脱帽的习惯。在你的曲子里,我碰到的熟人太多了,不得不频频脱帽啊!"青年的脸红了。因为罗西尼用幽默的方式委婉地道出了他抄袭别人作品的事实。

运用这种表达方式,既可以委婉含蓄地对对方进行批评、反驳,又可以保证双方的关系不至于因批评而恶化。

4. "升级式"批评

心理学上有一个"登门槛"策略,即为了说服对方接受一个较重大的要求,先让对方同意一个容易接受的很小要求,一旦他同意这个小要求之后,就可能同意那个更大的要求;要有一个循序渐进的过程,不能一步到位。把登门槛策略运用于批评,就是指先指出一个让被批评者容易接受的事实,然后在形成较为融洽的氛围之后,再逐步指出被批评者的过失。

5. "暗示式"批评

几位老同志向工会孙主席反应,宿舍楼三楼的小伙子晚上喜欢闹腾,影响他们休息。要求工会找年轻人谈谈。这属于两代人生活习惯问题,要是直接说,会让老同志和年轻人之间产生矛盾,不利于单位员工的团结。于是,孙主席与年轻职工聊天时,讲了一个笑话。说一个小区里,楼上楼下住着两个人,楼下住的是老年人,楼上住的是小伙子。老年人和年轻人的作息时间存在很多不一致的地方,楼上的小伙子经常回来得很晚。每天回到家,小伙子双脚一甩,鞋子就"噔噔"两下,像两个大炮仗,轰然落到地板上。楼下好不容易才睡着的老人被惊醒之后就难以入睡了,搞得老人家特别地纠结。这样几次之后,楼下的老人实在受不了,觉得要找小伙子说说。小伙子知道自己无意的举动影响了楼下老人之后,很不好意思。当晚下班回来,习惯性地甩出一只鞋子,刚准备甩第二只鞋子,他意识到自己举动的不当,便轻轻地脱下了第二只鞋子。第二天一早,楼下的老人见到小伙子又埋怨了:"你一次将两只鞋都甩下,我还可以重新入睡,你留下一只没有甩,害得我等你甩第二只鞋等了一夜。"笑话讲完,小伙子若有所悟,知道这笑话是有所指的,晚上便安静了许多。

6. "安慰式"批评

一次,年轻的莫泊桑向著名作家布耶和福楼拜请教诗歌创作。两位大师一边听莫泊桑朗读诗作,一边喝香槟酒。布耶听完后说:"你这首诗,句子虽然疙里疙瘩,像块牛蹄筋,不过我读过更坏的诗。这首诗就像这杯香槟酒,勉强还能吞下。"批评既严厉,却又给了莫泊桑相应的余地。

7. "诱导式"批评

"诱导式"批评是指不直接批评对方,而是用设问诱导的方法,一步步摆事实、讲道理,将对方的观点驳得不留余地,但又合情合理,让对方在不知不觉中接受批评意见。

练一练

1. 回忆一下,你是否有对别人对你的批评,你心甘情愿接受的经历;或者有别人批评你,你很反感的经历。如果有,请记下来,并且分析一下原因。

2. 阅读下列材料,回答问题:

在英国亚皮丹博物馆中,有这样两幅图画,一幅是人体骨骼图,一幅是人体血液循环图。这是1923年获得诺贝尔奖的著名解剖学家约翰·迈克劳德小学时候的作品。小时候的约翰·迈克劳德是一个好奇心很强的孩子,对周围的事物充满兴趣。一天,他突发奇想,很想亲眼看看狗的内脏是怎样的结构。于是,他找来一条狗并且鼓足勇气把它杀死,把狗的内脏一点点地分割观察。谁知,这条可怜的狗是校长韦尔登养的宠物。心爱的狗被杀死了,他决定给迈克劳德一个处罚。

你知道校长是怎样惩罚小约翰·迈克劳德的吗?

如果你是校长,你会怎样批评小约翰·迈克劳德?

第二节 拒绝和应变的艺术

 任务

学会拒绝。

 读一读

案例：

小马天性木讷，不善于和别人打交道，在公司里以老实著称。一次老板派给他一个任务，去出差催款。催款这种事情应该交给能说会道、善于交际的人去做才好。对于小马，这真是一个难题，他肯定做不来，小马自己心里也是这么想的，却不敢说出来，也没有勇气拒绝老板，只好硬着头皮答应了。

来到目的地，对方热情招待小马，酒桌上对方要小马喝酒。不会喝酒的小马坚持自己的原则，一口也不喝，让对方下不了台。对方一气之下，编了一个理由，把小马打发走了。小马没有完成任务，老板自然非常生气。老板说："如果你办不到，为什么还要答应？这是工作，不是游戏，逞什么英雄！"

 议一议

小马的遭遇给你什么样的思考？

 学一学

王家卫的电影里有一句经典的台词："要想不被别人拒绝，你最好先拒绝别人。"同样，在学习、工作以及日常生活中，我们也要有在适当的时候拒绝别人的意识和勇气，要知道一味地逢迎、妥协、逆来顺受并不会得到别人的尊重，反而会让别人看轻你自己。如果你适当地拒绝，拒绝得有理，你不但不会得罪对方，还会让对方尊重你，对你刮目相看。

一、拒绝的注意事项

1. 在说"不"之前，认真地听取别人的诉求

在你决定拒绝之前，首先要注意倾听他的诉求，比较好的办法是，请对方把处境与需要讲得更清楚一些，自己才知道如何帮他。"倾听"能让对方先有被尊重的感觉，在你婉转地表明自己拒绝的立场时，也能避免伤害他的感觉，或避免让人觉得你在应付。

2. 温和坚定地说"不"

如果你无法帮助别人，就应该温和坚定地说"不"，语气要诚恳，并说明你的苦衷，告诉他为什么无法帮助他。当你仔细倾听了别人的要求，并认为自己应该拒绝的时候，说"不"的态度必须是温和而坚定的。好比同样是药丸，外面裹上糖衣的药，就比较让人容易入口。同样的，温和地表达拒绝，也比直接说"不"容易让人接受。拒绝后，对方肯定想知道你的理由，你就应该坦诚地告诉他你的理由，如果一句话也不说势必会引起误会，对方也许会怀疑你根本就不想帮助他，而不是你没有能力。

3. 事后关心

不要以为拒绝了就完事了，而应该在事后给予对方一些关心。拒绝后你可以给对方一些建议，隔一段时间还要主动关心对方的情况。有时候拒绝是一个漫长的过程，对方会不定时提出同样的要求。若能化被动为主动地关怀对方，并让对方了解自己的苦衷与立场，可以减少拒绝的尴尬与影响。从对方来讲，拒绝本来就是一件伤害别人的事情，你更应该适时地给予对方一些关心，这能够起到安慰对方的作用，而不是让对方陷入孤立无援的境地。

如果说拒绝同事还比较轻松的话，那么拒绝你的上司，则是难上加难了。

作为上司手下的一名员工，你常常会遇到这样的情况：上司叫你干一件事的时候，也许是慑于上司的压力，也许是出于其他的某种考虑，你往往不会去拒绝而是马上应承下来，即使这件事不该你做，或超出了你的负荷。对上司的要求来者不拒就能使上司认为你能力强，且任劳任怨，是一个优秀的员工吗？是否就会对你以后的工作产生持久的积极作用？答案是否定的。你不顾自己的能力和客观情况承接下来的任务，有时反而会成为你额外给自己找来的枷锁和危险。

二、拒绝的技巧

1. 直接拒绝

对那些不能够接受的要求，不能犹豫、不能含糊，切忌模棱两可。应该给以直截了当的拒绝，以免对方产生误解，仍然抱有幻想。但是直接拒绝并不是明白地对对方说"不"，而是首先要对对方的要求表示理解，要向对方耐心地阐释你拒绝的理由，表示歉意，然后拒绝，而且语气一定要诚恳。当然对于那些无理的、过分的要求，应当严词拒绝。

某旅行团正按预定的日程和线路观光游览，有位客人因为去过其中的某个景点，途中要求导游改变旅行线路。按照规定，旅行线路事先已经定好，中途是不能随意改变的。面对这位游客的要求，导游小张说："您去过这个景点，想换个新景点游览的心情我非常理解，可旅游线路是事先规定好的，我也无权更改，您的这个愿望我这次无法帮您实现，真的很抱歉！"面对旅客的无理要求，导游直接拒绝了。

2. 请人转告

巧妙地利用"第三者"来转达你当面难以拒绝的事情。这种方法一般用于当别人有求于你，而你又不好当面拒绝，或自己亲口说不合适的情况。这时就可以利用第三方作为"中介",巧妙地转达你的拒绝。比如你的一位朋友邀请你去参加他的生日宴会,你原本已经答应了,可是在宴会上偏巧有一个你非常不想见到的人,你想拒绝参加宴会,又担心让朋友不高兴。那你就可以找一个你们共同的朋友,带上你要送给那个过生日朋友的礼物,向对方表示你无法参加宴会的歉意。

3. 另指出路

当你对朋友的要求感到力不从心或者不乐意接受的时候,你可以采用另指出路的办法,以解决问题。比如你的一个朋友数学成绩不好,希望在考试的时候得到你的帮助,你知道这是不正确的行为,但如果直接拒绝,很可能伤害对方的自尊。你就可以这样说:"如果这次我帮了你,老师可能会怀疑你的成绩,不如考试前我帮你勾画一些复习的要点吧。"那么对方就会觉得你还是关心他的,也就不会生气了。

李丽当上某银行人事处处长后,就忙了起来,很多人都登门来求她帮忙,让她很是头疼。有一天,又有人来到李丽家,这次来的人正好是她的老同学。"我儿子大学毕业一年了,工作一直不顺心,想换工作,所以来找老朋友想想办法。"老同学开门见山地说。"他学的是什么专业?"老同学把儿子的资料递给李丽,看过资料后,李丽知道自己帮不了,因为不仅专业不对口,这个孩子的外语水平也不行,这明显不符合银行的要求。但是李丽也清楚,不能直接拒绝,否则就太不给老同学面子了。"真是不巧,我们最近没有招聘人的计划,不过你别担心,我认识一个朋友,他那里似乎在招人。"说完,李丽把朋友的联系方式抄了一份交给老同学。虽然没有办成事,但那个老同学还是很感谢李丽。

4. 另做选择

当你的朋友要求你做某件事,而你又偏巧不喜欢做这件事,直接拒绝可能会伤害对方,让对方误以为你不尊重他。比如周末的时候,你的朋友想让你陪她去逛街,可是你不愿意去人多的地方,不如建议她:"今天天气不错,不如去郊外走走吧,呼吸一下新鲜的空气。"这样做,你不仅巧妙地拒绝了对方,还不会让对方觉得你是在拒绝他。

5. 转移话题

朋友要求你做一件你不想做的事,可以采取答非所问的方式,巧妙地利用暗示的方法让对方知道,你对他提出的意见不感兴趣,他就会知趣而退。比如,你这个周末与某个朋友在一起玩,他希望你下个周末还陪他出去,而你则另有自己的安排,不如就说:"今天时间不早了,周末玩得太累会影响工作的,我该回去休息了。"这样说,你就给对方一个暗示,你并不打算再在周末的时候和他一起出去,对方就明白你话里的拒绝意思了。小楠在相亲派对上认识了一个男士,开始两人相处得还不错,但很快小楠就发觉两人性格不合,打算找一些借口和对方断绝往来。"下周末我们还去郊外钓鱼怎么样?"临分别的时候,那个男士又邀请小楠。"下周我们一直都要上班,周末也是。""那就再下周了。""那就再说吧,最近总是在周末出去玩,我周一上班都没什么精神,我要回去休息了。"说着,小楠还适时打了一个"哈欠"。对方马上意识到了小楠的意思,从那天起就几乎不和小楠联系了。

6. 借口推辞

找一个合理的借口,推了你不想去做的事,即使这个借口带有欺骗的成分,只要不伤害对方,也是一个可取的办法。比如你的朋友请你吃饭,在席间要求你帮他做一些事情,你知道自己做不到,可是毕竟又吃了这顿饭,等于欠了对方的人情。"真不好意思,我认识的人已经调职了,恐怕帮不了你。"这样,对方既知道你的拒绝,又不会觉得没面子。

7. 拖延回答

直接的拒绝既然可能伤害对方,不如采取拖延时间的方式,让对方自己感觉到你的拒绝,这样的办法好于直接地拒绝。比如有朋友说:"明天来我家吧。"可是你不想去,如果直接说"我没空,不想去"肯定不合适,不如说"明天不行,下次吧",这样产生的效果更好。

该答应的时候答应,该拒绝的时候拒绝,这也是一种能力。

练一练

快下班的时候小马接到了阿郎的电话,他心急火燎地请求小马再帮他一下,写个新方案给客户,他说客户已经催了他好几次了,而他实在没时间。最近因为和女朋友谈恋爱的关系,阿郎常常这样请小马帮忙做方案。阿郎是小马在公司里关系比较好的同事之一,以前他们在业余的时间常常一起去打球、游玩,小马挺喜欢阿郎的洒脱和率真。所以一个月前当阿郎一脸兴奋地谈到他和一个女孩子交往的时候,小马毫不犹豫就答应了帮他干点活,给阿郎更多的时间去"谈朋友"。可是一个月下来,小马发现自己越来越不快乐,他发现自己已经厌倦了总是替阿郎做事。可是怎么拒绝阿郎呢,他觉得很难说出口。作为好朋友是该相互帮助的,拒绝会不会让他失去这个朋友呢?小马想了很多……

如果你是案例中的小马,你会如何拒绝阿郎?

任务二

学会应变。

读一读

案例1:

南方某4星级酒店3楼气派豪华的宴会厅里正在举办规模盛大的宴会。因此次活动参与人数多、规格高,餐饮部不得不临时抽调了几名实习生前来帮忙。

席间,一切按计划进行,客人的欢声笑语不断。忽然,离主桌最远的一张桌前有位女客发出尖叫声,宴会领班小丁和公关部朱经理闻声同时赶去,发现那位女客的一身套装湿淋淋的,一个实习生手里托着倾翻的汤碗,脸色苍白,呆立一旁,手足无措。朱经理立即明白了一切。她一面安排另外几名服务员收拾被女客带落到地上的筷子、酒杯等杂物,一面与小丁用身体挡住女客,将其护送出宴会厅。一路上女客少不了埋怨声。

朱经理关照小丁先安排客人到房间里淋浴,压压惊,她自己到客房部暂借一套干净的酒店制服请女客先穿一穿。小丁又转弯抹角问到了女客内衣的尺寸,接着一个电话打到公关部,请秘书小姐以最快的速度到附近的大商场购买高档内衣。朱经理另派人将女客换下的脏衣送到洗衣房快洗。在这些工作分头进行的同时,小丁已陪送梳妆完毕的女客到一楼餐厅单独用餐,并代表酒店向她表示了真切的歉意。女客很快便恢复了平静。

再说3楼宴会厅,由于处理及时,客人又开怀畅饮,重现热烈的气氛。此时酒店总经理正好前来敬酒。朱经理把事情经过向他报告后,他旋即同朱经理一起来到一楼餐厅,向女客郑重致歉,后来又特地向女客的上司表示歉意。女客反而感到不好意思了,她指指身上的酒店制服,不无幽默地说:"我也成了酒店的一员,自己人嘛,还用这么客气?"

半小时后,洗衣房把女客的衣服洗净烫平,公关部秘书早已买了内衣。女客高高兴兴换上自己的套装,还不时向朱经理和小丁道谢。临出门时,朱经理还为她叫了一辆出租车⋯⋯

案例2:

1996年5月,中央电视台第一次组织"心连心"艺术团下乡演出,在江西革命老区遂川做首场慰问演出的时候,场面非常热闹。不料节目进行到一半,正值关牧村演唱《多情的土地》,天空突然乌云密布,落下阵阵雨点,顿时场面开始骚动不安。主持人赵忠祥快步走上舞台,对乡亲们说:"关牧村动情的演唱把自己的眼睛都唱湿了,把老区人民的眼睛也唱湿润了,连老天爷的眼睛都被唱湿润了。乡亲们,我们演员说,下雨了,只要乡亲们不走,我们演员就一直演下去。"赵忠祥的话语,让本已骚动的人群渐渐地安静下来。

 议一议

1. 案例1中,如果你是酒店经理,面对这样的突发事故,你会怎么办?你会抱怨员工吗?为什么?你认为酒店处理这个突发事件之所以能够成功,原因有哪些?
2. 评价一下赵忠祥的应变技巧。

 学一学

交际中的应变能力是一个人灵敏度的反应,是指在语言交往中,当自己或者对方的言语行为出现突发事件或意外情况时,能迅速而又恰当地做出反应并进行处理的能力。

在实际的交际活动中,人们的交际行为往往会受到诸多因素的制约,在很多情况下,不能完全按预定的想法,一口气让你把想要表达的意思说完。因此,在说话的过程中,应根据具体情况随机应变。

如果当事人没有应变的能力,处理不当,就会使信息交流受阻,影响公关目标的实现。因此,当事人必须培养自己应付突发事件的能力,帮助自己摆脱窘境。

一、应变的价值

语言随机应变能力对人们社交活动的效果具有重要的作用。灵活应变的能力是一个人必备的语言技巧。

一句话在不同场合,面对不同的人就有不同的说法,如果不能妥善运用、随机应变,就无法发挥说话的功能。因此,说话得体是一门艺术,只有面对不同的语言环境随机应变,才能取得最佳的表达效果。

1. 反败为胜,赢得主动

在与人交谈的时候,要学会随机应变,这样可以让你更好地赢得说话的主动权。

一个关于周总理的故事:在日内瓦会议期间,一个美国记者先是主动和周恩来握手,周总理出于礼节没有拒绝。但没有想到这个记者刚握完手,忽然大声说:"我怎么跟中国的好战者握手呢?真不该!真不该!"然后拿出手帕不停地擦自己刚和周恩来握过的那只手,然后把手帕塞进裤兜。这时很多人在围观,看周总理如何处理。周恩来略略皱了一下眉头,他从自己的口袋里也拿出手帕,随意地在手上扫了几下,然后走到拐角处,把这个手帕扔进了痰盂。他说:"这个手帕再也洗不干净了!"

尽管中美当时处于敌对状态,但周总理一贯的思想,还是把当权者和普通美国民众分开。在谈判桌上横眉冷对,那是一点情面也不讲的。但会场外,他可是统战高手,尽量做工作,力图潜移默化。他对普通美国民众一直是友好的,包括新闻记者在内。所以,在那个美国记者主动要和周总理握手时,周总理没有拒绝。但这个记者看来纯粹要使周总理难堪,否则不会自己主动握手,然后又懊悔地拿手帕擦手。周总理在他擦手之前,也不会意识到他会这样做。当时大堂里人很多,就看周恩来下不下得了台。所以周总理也拿出手帕擦手。请注意两人做法不同的是:记者擦完手后仍把手帕塞回裤兜,而周总理是擦完手后把手帕扔进了痰盂。周总理的意思是:你的手帕还能用,我的手帕因为擦了以后沾染了你手上的细菌,再也不可能洗干净了,所以我就把它扔到痰盂里去。

2. 含蓄回答,反击刁难

当你遇到自己不想回答或不便回答而别人又偏要执意打听的事时,这时即使心中不快,也不能显出愠怒,应冷静、沉着、巧妙地应对。

传说明代文学家解缙有一次奉永乐皇帝之命,给一柄折扇题字。他看扇面上有一幅画,是按唐人《凉州词》的诗意画的,便题写王之涣的诗:"黄河远上白云间,一片孤城万仞山。羌笛何须怨杨柳,春风不度玉门关。"不料,他一时疏忽,少写了一个"间"字,皇帝看后大怒,认为其不忠,便要问其死罪。

这时,解缙急中生智,忙道:"皇上息怒!我这是用王之涣的诗意填写的词啊!"当即念道:"黄河远上,白云一片,孤城万仞山。羌笛何须怨?杨柳春风,不度玉门关。"那时题扇不点标点,解缙借错巧言,将漏了字的诗变成一首绝妙好词,使皇上听了转怒为喜。

在交往中,对方有时往往会利用表达者自己的话语、逻辑和常理设置难题,使表达者难以回答,这时表达者就要突发奇想,另辟蹊径,反击对方的刁难。

3. 弥补失误,顺利交流

"一言既出,驷马难追",由于时间紧促,不容周全地考虑,这"一言"往往发生一些差错,这就需要说话者灵活应变,弥补过失,纠正偏颇。如演唱家马如飞一次在唱《珍珠塔》时,不慎把"丫鬟移步出了房"唱成"出了窗"。听众哄堂大笑,马如飞毫不惊慌,镇静地补一句"到阳台去晒衣",听众报以热烈的掌声。不料他又一疏忽,把"六扇长窗开四扇"唱成"开八扇"。这时观众静听他如何补误。只听他唱道:"还有两扇未曾装。"顿时,满堂喝彩。

随机应变力强的人能自圆其说,补救失误;能反击对方攻势,兵来将挡,水来土掩;还能应付意外,出色地完成任务。较强的随机应变力能展现人的才能与智慧,增强人的魅力,使一个人在人际交往中处于有利的位置。

二、应变的技巧

1. 因势利导法

一个教师走进教室准备讲课时,却看到学生正在为昨夜的女排比赛议论纷纷。面对这一意外情况,这位教师没有命令学生们停止议论,而是兴致勃勃地加入了讨论,谈起了自己的感想。一两分钟后,同学们都静下来听他讲时,他却巧妙地将话锋一转:"中国女排的胜利为中国又争得了荣誉,它证明了中国人的伟大。我们也要有女排的拼搏精神,好好学习,抓紧每一分钟,听好每一堂课,争取将来也为祖国赢得荣誉,为祖国的繁荣富强多做贡献。"这位老师运用的就是"因势利导",恰到好处地加以点拨指引,顺势将学生们的热情引到学习轨道上,不仅很快恢复了课堂秩序,还借此"东风"激励学生们努力学习,起到了很好的教育效果。如果这位老师运用命令式的语言表达形式,虽然也可以达到停止议论、保持课堂安静的目的,但他无法使学生的思维从女排比赛中走出来。当人的思维朝着一定的方向进行,特别是当人处于亢奋状态时,命令式的语言、强制的手段效果都不好。因此,碰到上述这类突发事件时,只有借其势,用巧妙的语言形式,自然地加以引导,才能达到扭转局势的目的。

2. 顺势牵连法

一个数学教师刚走上讲台就引来同学们大笑,他莫名其妙。坐在前排的一位女生小声地对他说:"老师,你的扣子扣错了。"老师一看,果真第三颗扣子扣在了第四个扣眼里。局面有些尴尬,迅即这老师煞有介事地对学生们说:"老师想心事了,急急忙忙赶着与你们——来——相——会。不过,这也没什么好笑的,昨天我们有的同学做习题时,运用数学公式就是这样张冠李戴的。"这老师先是用幽默的语言为自己解了围,紧接着,又顺势把这意外事件和学生的学习情况联系了起来,借此作比,指出了学生学习中的类似错误,既显得自然,语言又形象,很快解除了尴尬的局面。

顺势牵连的应急艺术能有效地使人从困境中摆脱出来，但必须注意"牵"得要自然，"连"得要巧妙，不能牵强附会，否则，会弄巧成拙。

3. 自我贬低法

说服别人最基本的要点之一，就是巧妙地诱导对方的心理或感情，以使他人就范。如果说服的一方特别强调自己的优点，企图使自己占上风，对方反而会加强防范心。所以，应该注意先点破自己的缺点或错误，以退为进，暂时使对方产生优越感，而且注意不要以一本正经的态度表达，这样才不会让对方乘虚而入。

赫蒙是美国有名的矿冶工程师，毕业于美国的耶鲁大学，又在德国的弗赖堡大学拿到了硕士学位。可是当赫蒙带齐了所有的文凭去找美国西部的大矿主赫斯特的时候，却遇到了麻烦。那位大矿主是个脾气古怪又很固执的人，他自己没有文凭，所以就不相信有文凭的人，更不喜欢那些文质彬彬又专爱讲理论的工程师。当赫蒙前去应聘递上文凭时，满以为老板会乐不可支，没想到赫斯特很不礼貌地对赫蒙说："我之所以不想用你就是因为你曾经是德国弗赖堡大学的硕士，你的脑子里装满了一大堆没有用的理论，我可不需要什么文绉绉的工程师。"聪明的赫蒙听了不但没有生气，相反心平气和地回答说："假如你答应不告诉我父亲的话，我要告诉你一个秘密。"赫斯特表示同意。于是赫蒙对赫斯特小声说："其实我在德国的弗赖堡并没有学到什么，那三年就好像是稀里糊涂地混过来一样。"想不到赫斯特听了笑嘻嘻地说："好，那明天你就来上班吧。"就这样，赫蒙轻易地在一个非常顽固的人面前通过了面试。

4. 将错就错法

在人际交往中，任何人都有可能出现口误或说出不得体的话。在这种情况下，如果不及时补救的话，就会让对方不快，也会造成尴尬的局面，从而把自己的形象和声誉给影响了。但是，当说错话以后，如果我们能来个将错就错，借题发挥，把错话说"圆"，则可以轻松地摆脱窘境。在某次婚宴上，来宾争着向新人祝福。有一位先生激动地说道："走过了恋爱的季节，就步入了婚姻的漫漫旅途。感情的世界时常需要润滑。你们现在就好比是一对旧机车……"其实他本想说"新机车"，却一时口误，霎时举座哗然。这对新人的不满更是溢于言表，因为他们都是各自离异，历尽波折才成眷属的，自然以为刚才之语隐含讥讽。那位先生发觉言语出错，连忙住口。他的本意是要将一对新人比作新机车，希望他们能够少些摩擦，多些谅解。但话既出口，若硬改过来，反而不美。他马上镇定下来，不慌不忙地补充一句："你们现在就好比是一对旧机车装上了新的发动机。"此言一出，举座称妙。这位先生继而又深情地说道："愿你们以甜美的爱情为润滑油，加上油门，开足马力，朝着幸福美满的生活飞奔吧！"餐厅内顿时掌声雷动。这位来宾将错就错，顺着错处续接下去，巧妙地改变了语势，这不失为一种随机应变的巧妙方式。

5. 以退为进法

有时在交谈中，表面退缩，实则是为了更有力地反击，就像拉弓射箭一样，先把手往后拉，目的是为了让箭射出去更有力。古代齐国晏子出使楚国，因身材矮小，被楚王嘲讽:"难道齐国没有人了吗?"晏子说:"齐国首都大街上的行人,一举袖子能把太阳遮住,流的汗像下雨一样,人们摩肩接踵,怎么会没有人呢?"楚王继续揶揄道:"既然人这么多,怎么派你这样的人出使呢?"晏子回答说:"我们齐王派最有本领的人到最贤明的国君那里,最没出息的人到最差的国君那里。我是齐国最没出息的人,因此被派到楚国来了。"几句话说得楚王面红耳赤,自觉没趣。这个故事中晏子的答话就是采用以退为进之法,貌似贬自己最没出息,所以才被派出使楚国,这是一"退",实则是讥讽楚王的无能,这是"进",以退为进,绵里藏针,使楚王侮辱晏子不成,反受奚落。

6. 有意岔题法

在一次服装展销会上,一位营业员正在向众多的顾客介绍服装的式样,突然听到有个顾客在说:"式样不错,老点。"这位营业员一听,马上机灵地接着说:"这位同志说得对,我们设计的服装式样好,又是老店,质量保证,价格公道。"其实,那位顾客是说式样老了点的意思,这位营业员怕其他顾客受他这句话的影响,因而灵机一动,利用词的谐音把"老点"改成了"老店",岔开了对自己不利的话题,模糊了对方的注意指向,有效地把大家的注意力引导到对自己有利的方面来。

岔题是应付突发事件的有效方法,但要使岔题成功,必须注意两个问题:一是要自然。所谓自然,就是指岔开的话题要与原来的话题连得上,说得通。也就是说,岔开的话题与原来的话题要有某种联系,如两词的读音相同或相近,两词语意相连,两话题概念相近等;二是岔题要及时。所谓及时就是指岔题要抓住时机,找准岔口,在对方话题尚未充分展开之前就以新的话题取而代之,使对方在不知不觉之中离开原来的话题,将注意中心逐渐转移到新的话题上去。

7. 巧释逆挽法

一次智力竞赛抢答会上,主持人问:"三纲五常中的'三纲'指的是什么?"一名女生抢着答道:"臣为君纲,子为父纲,妻为夫纲。"在慌忙中,她把三者的关系正好颠倒,引起哄堂大笑。女生意识到了这一点后,立刻补充到:"笑什么? 我说的是新'三纲'。"她接着解释说:"现在,我们国家人民当家做主,是主人,而领导者,不论官有多大,都是人民的公仆,这不是'臣为君纲'吗? 当前国家实行计划生育政策,一对夫妻只生一个孩子,这孩子都成了父母的'小皇帝',岂不是'子为父纲'吗? 现在许多家庭中,妻子的权力远远超过了丈夫,岂不是'妻为夫纲'吗?"话音未落,同学们就对她的这种应变能力报以热烈的掌声。

从上例中可以看出,如能巧妙地随机应变,对突然出现的变故作一番别出心裁的解释,不失为是挽救危局、变逆势为顺势的一种良策。但巧释逆挽的语言技巧不仅需要有机敏冷静的头脑,还要有渊博扎实的知识做基础,平日里须多积累,以备"厚积薄发"之用。

8. 即兴回答法

我国著名歌唱家关牧村出国演出。在一次酒会上,主人风趣地说,关牧村的歌喉太迷人了,要用他们的市场交换她。关牧村也立即用开玩笑的方式回答道:"实在对不起,我只能把歌声留给你们,因为临来时,我把心留在了祖国。"巧妙的回答赢得了掌声和笑声,也更融洽了宾主之间的感情,增进了双方的友谊。这就是"即兴回答"的语言艺术产生的效果。

9. 一语双关法

第二次世界大战期间,英国首相丘吉尔到华盛顿会见美国总统罗斯福,要求美国共同抗击德国法西斯,并给予物质援助。丘吉尔受到热情接待,被安排住进白宫。

一天早晨,丘吉尔躺在浴盆里,抽着他那特大号的雪茄烟。门突然开了,进来的是罗斯福。丘吉尔大腹便便,肚子露出水面……两位世界名人在这里相遇,都非常尴尬。丘吉尔扔掉了烟头,说:"总统先生,我这个英国首相在您面前可真是一点也没隐瞒。"说完两人哈哈大笑起来。丘吉尔这一句风趣幽默又语带双关的话,不仅使对方从尴尬中解脱开来,而且借此机会再一次含蓄地阐述了自己的观点和目的,意外地促进了谈判的成功。

10. 巧用谐音法

一家女主人正在请客,她丈夫下班回家,问候在座的朋友之后,便去换拖鞋。女主人一看,忙高声说:"快去洗你的尼龙袜子和汗脚,别污染空气!"当着这么多客人的面,她丈夫的脸不由红了。但他随即机灵地"嘘"了一声,故作神秘地说:"小声点,脚臭不可外扬!"本来有些窘态的客人们顿时哈哈大笑。

11. 幽默风趣法

幽默风趣是一种缓冲剂,幽默的语言能使矛盾的双方摆脱困境,使僵局"冰释",使窘迫的场面在笑语中消逝。语言大师老舍先生曾举例说:"一个小孩见到一个生人长着很大的鼻子,马上叫出来'大鼻子'!假若这位生人没有幽默感,就会不高兴,而孩子的父母也会感到难为情。假若他幽默地说'就叫大鼻子叔叔吧',这不就大家一笑而解决了问题了吗?"幽默语言运用得好,常能产生一种神奇的效果,有人说幽默是人与人交往中的润滑剂是不无道理的。

12. 反口诘问法

美国一家电视台在华采访知青出身的作家梁晓声,现场拍摄电视采访节目。采访进行一段时间后,记者说:"下一个问题,希望您做到毫不迟疑地用最简短的一两个字,如'是'与'否'来回答。"梁晓声点头认可。记者的录音话筒立刻伸到作家的嘴边,问:"没有文化大革命可能也不会产生你们这一代青年作家,那'文化大革命'在你看来,究竟是好还是坏?"梁晓声略为一怔,没料到对方的问题竟如此之"刁"。但他立即镇静下来,随即反问道:"没有第二次世界大战,就没有以反映第二次世界大战而著名的作家,那您认为二战是好还是坏?"美国记者不由一怔,摄像机立即停止了拍摄。

在人际交往中,有些话,既不能令对方如愿,又不能拒绝,陷于两难之中。此时最有效的方法,就是循着对方提出问题的轨迹,反口诘问,迫使对方去解答。这样不仅可以达到回避难题的目的,还可转被动为主动。

应变的方法有很多,需要我们根据交际的实际需要,合理选择恰当的方法,随机应变处理交际场合出现的突发事件,以实现交际的成功。

 练一练

阿华到一家化妆品公司去应聘销售经理的岗位,他准备了很多,以为自己做到了"胸有成竹"。当被叫进面试室的时候,他就盘算着如何回答总经理的提问。然而,出乎他意料的是,总经理一句话也没有问他,只是笑眯眯地看着他。阿华不知道总经理葫芦里卖的是什么药,一时间不知所措。

请问,假如是你,遇到这种情况,你会怎么办?

第六章　面试口才

第一节　学会介绍自己

任务

1. 了解自我介绍。
2. 学会正确地介绍自己。

读一读

案例1：

以下是一个中专毕业生竞聘时的自我介绍：

您好，我叫张竞，竞赛的竞。我生在成都长在成都，所以希望能够为成都的发展尽一份微薄之力。作为一名汽车维修专业的职校毕业生，我认为自己在汽车专业知识和技能方面比较有优势。我高一、高二的时候参加了学校汽车维修精英班的学习，在实训实作中学到了很多专业知识。在每年的寒暑假，我都到汽车维修厂实习，从事汽车修理业务，主修车型为东风雪铁龙系列。我对待工作非常负责，不亚于全职员工。有两次遇到故障车的电路问题，在师傅的指导下，我连续24小时不睡觉，直到把问题解决。这种经历大大提升了我的专业素质和专业技能。这段实习经历也让我了解到，现在汽车维修行业最缺乏那种既懂得传统的机械维修技术，又能掌握现代电子维修技术的人才。所以，高二时我通过了成人高考，目前正在电子科大学习微电子技术。去年11月，我在成都市中等职业学生技能大赛中获"汽车维修专业"第一名，取得了劳动局颁发的"高级技工"证书。非常遗憾的一点是，虽然我的汽车维修专业课成绩非常好，但是我数学考试却不及格。

究其原因,是我完全按照自己的兴趣分配学习时间,几乎把所有时间都给了汽车专业课。回头看来,这是我学习最失败的地方,它已经给我带来了非常严重的后果,有一些企业一看到我有不及格的科目立刻把我的求职申请淘汰掉了。贵单位能够给我这次面试的机会,让我非常感动,也体会到你们人性化的招聘标准。所以,无论今天我是否能够面试成功,我都要先说一句,谢谢您给我这次面试机会!

案例 2：

以下是中山大学一位毕业生的自我介绍：

我叫赵婉君,您可能会联想起琼瑶小说,字的确就是那两个字,差别就是人没有那么漂亮,呵呵。其实,我的同学更喜欢称呼我的英文名字 June,六月的意思,是君的谐音。我来自广东的恩平市,可能您没有去过,那是一个很小的县级市,这几年刚刚开发了温泉业,我想将来会有更多的人了解这个小城市。在 2003 年我以恩平市全市第一名的成绩考上了中山大学,学的是计算机科学专业。不过,在中大,我没法再像高中一样总是名列前茅了,到目前为止,我的综合学分排名是 40% 左右。在专业课程方面,我 C++ 的编程能力比较强,一年以前就开始自学 Java,在班级里是最早开始学 Java 的。我参与过我们老师领导的一个项目,叫做 LAN 聊天室,我负责开发了其中的及时通信系统的编写。在我们班,老师只挑选了我一个女生参与这个项目,主要是我写程序的效率比较高,态度也非常认真。除了学习和项目实习以外,我在学生会工作了两年,第一年做干事,第二年被提升为秘书长。大家对我的评价是考虑问题很周全,令人放心。在我的求职清单上,IBM 是我的首选单位,原因和您面试过的很多同学都一样,出于对大品牌的信赖。毕竟,大品牌公司意味着很多我们需要的东西,比如培训和薪资,能和优秀的高素质的人在一起工作等。技术支持工程师也刚好是我的首选职位,因为我有技术背景,也有作为女性和客户沟通的天然优势。还有,我不担心频繁出差,因为我身体素质很好,我已经坚持晨跑两年多了。在 IBM 专业技术方面,我信赖公司的培训体系和我自己的快速学习能力！希望能有机会加入 IBM 团队！

议一议

1. 读了案例 1,说一说张竞自我介绍的亮点。
2. 说一说案例 2 中的自我介绍包括了几方面内容?

学一学

找工作,寻岗位,重要的一关是面试,面试的过程就是交流的过程：招聘人员通过交流来选聘公司所需要的人员；应聘者则是通过交流展示自己的才能,选择自己合适的职位,谋得较好的职业岗位。对于应聘者来说,拥有良好的面试口才是成功求职的重要砝码。因此在平常的学习中,要重视面试口才能力的训练和提高。

个人自我介绍是面试实战非常关键的一步,因为众所周知的"前因效应"的影响,1~3分钟见面前的自我介绍将在很大程度上决定应聘者在各位考官心里的形象。自我介绍是个人所有工作成绩与为人处世的总结,也是接下来面试的基调,考官将基于你的材料与介绍进行提问。

介绍自己即自我介绍,是向别人展示你自己的一个重要手段,同时,也是认识自我的手段。自我介绍的好坏,甚至直接关系到你给别人的第一印象的好坏及以后交往的顺利与否。

自我介绍一般包括以下几方面内容:姓名;爱好、籍贯、学历或业务经历(应注意与公司有关);专业知识、学术背景(应注意与岗、职有关);优点、技能(应突出能对公司所做的贡献);用幽默或警句概括自己的特点;致谢。

自我介绍主要的运用场合:与陌生朋友的初次见面,求职应聘,参加演讲比赛、考试等。

一、自我介绍的分类、场合及方式

1. 自我介绍分类

根据介绍人的不同,可以分为主动型自我介绍和被动型自我介绍两种类型。主动型自我介绍是指在社交活动中,在想要结识某人却无人引见的情况下,在适当的时候,自己充当介绍人,将自己介绍给对方。被动型自我介绍是指在社交活动中,应其他人的要求,就自己某些方面的情况进行自我介绍。

2. 自我介绍运用的场合

在以下这些场合可以运用自我介绍:① 与不相识者相处一室。② 不相识者对自己很有兴趣。③ 他人请求自己作自我介绍。④ 在聚会上与身边的陌生人共处。⑤ 打算介入陌生人组成的交际圈。⑥ 初次登门拜访不相识的人。⑦ 前往陌生单位,进行业务联系。⑧ 遇到秘书挡驾,或是请不相识者转告。⑨ 初次利用大众传媒,如报纸、杂志、广播、电视、电影、标语、传单,向社会公众进行自我推介、自我宣传。⑩ 利用社交媒介,如信函、电话、传真、电子信函,与其他不相识者进行联络。

3. 自我介绍的方式

根据不同场合和环境的需要,自我介绍基本可分为应酬式、工作式、交流式、礼仪式和问答式。

(1) 应酬式的自我介绍。这种自我介绍方式最简洁,只需说出姓名即可。如"您好!我叫王涛"。这种介绍适合于一些公共场合和一般性的社交场合,如途中邂逅、宴会现场、舞会、通电话。介绍的对象主要是一般接触的人。

(2) 工作式的自我介绍。这种自我介绍包括本人姓名、供职的单位及部门、担负的职务或从事的具体工作等三项,又叫工作式自我介绍内容的三要素,通常缺一不可。① 姓名。应当一口报出,不可有姓无名,或有名无姓。② 单位。供职的单位及部门,如可能最好全部报出,具体工作部门有时可以暂不报出。③ 职务。担负的职务或从事的具体工作,有职务最好报出职务,职务较低或者无职务,则可报出目前所从事的具体工作。如"我叫梁晶,是鑫基公司财务部经理"。

（3）交流式的自我介绍。这种自我介绍是希望对方能认识自己、了解自己、与自己建立联系,因此主动寻求与交往对象进一步交流与沟通的自我介绍。也叫社交式自我介绍或沟通式自我介绍。主要介绍包括本人的姓名、工作、籍贯、学历、兴趣以及与交往对象的某些熟人的关系等。如"我的名字叫王东,是联想公司的公关部经理。我和您先生是大学同学"。

（4）礼仪式的自我介绍。这是一种表示对交往对象友好、敬意的自我介绍。适用于讲座、报告、演出、庆典、仪式等正规的场合。内容包括姓名、单位、职务等。自我介绍时,还应多加入一些适当的谦辞、敬语,以示对交往对象的尊敬。如"女士们、先生们,大家好! 我叫赵虎,是精英文化公司的总经理。值此之际,谨代表本公司热烈欢迎各位来宾莅临指导,谢谢大家的支持"。

（5）问答式的自我介绍。针对对方提出的问题,做出自己的回答。这种方式适用于应试、应聘和公务交往。在普通交际应酬场合,它也时有所见。举例来说,对方发问:"这位先生贵姓?"回答:"免贵姓张,弓长张。"

二、自我介绍的注意点

（1）自我介绍总的原则是简明扼要,一般以 1 分钟为宜,内容应有所侧重,突出一点。情况特殊或者求职应聘时,最好不超过 3 分钟。一般可先谈谈学历等个人基本情况,再谈相关的社会实践,最后谈谈对本职位的理想和对于本行业的看法,其中三个重要的情况一定要表达清楚:你做什么工作(或想做什么工作),你的最强项技能是什么和你获取了什么成就,你寻求一个什么样的职位。

（2）自我介绍时要把握好切入的角度,比如从生肖、职业、自己姓名的含义、自己的长相特征等说起。有时运用自嘲、幽默的方法,既能让别人加深对自己的印象,也能活跃气氛。介绍姓名可用分析含义、道出来历、拆字等方法;介绍特长、兴趣可通过举例子、形象化等方法;介绍个性、思想可用具体、生动的故事讲述。

（3）语言尽量幽默、优美,多用比喻等修辞手法,但注意都需将之口语化。

（4）介绍用语要留有余地,给人以诚恳、坦率、值得信赖的印象。措辞要适度,实事求是,既不能过分炫耀,也不能自我贬低。

（5）回答问题最好直接切入要点,正面回答问题,要提高语言的"纯度",凝练、清晰为最佳。不要经过大篇幅的背景介绍或论证再提出自己的观点或回答问题。

（6）坐姿端正,手势大方,防止颤抖、摇晃、舔嘴唇等习惯动作。

（7）眼光不要长时间偏离介绍对象,不要上视天花板,不要盯住考官桌上的纸。

（8）表情要尽量放松,最好能略带微笑。可以面对镜子找出自己最有"亲和力"的笑容,学会用目光或表现表达友善。

（9）注意衣着和发型。

（10）手机一定要关闭或静音。

练一练

1. 如果你被邀请参加学生会联谊活动,并表演节目,你将如何介绍自己?
2. 某职业学校学生会艺术部招聘部长助理,如果你去参加面试,你将如何进行自我介绍?

第二节　求职面试的禁忌

任务

1. 了解面试的基本概念。
2. 了解面试中的禁忌。

读一读

案例：

世界百强名校英国曼彻斯特大学到中国招生,来自全国各地的40多名大学生参加了面试。令人惊异的是,许多名牌大学的博士生、硕士生皆名落孙山,而一名普通的本科生却赢得了考官的青睐。这名考生叫印天,是南京某大学财务管理专业的大四学生。从步入考场聆听考官的第一个问题,到答完三个问题向考官鞠躬致谢,总共只有三分钟。短短的三分钟,他在面试中为何脱颖而出呢?

一、呈现考官最看重的

通常,面试中考官会先问考生的个人简要情况,曼彻斯特大学贵为世界名校,也不例外。印天刚刚坐定,一位考官连看也没看他一眼,就说:"这位同学,请你简单介绍一下你的个人情况吧。时间40秒。"

印天本来准备好了一份发言提纲,但他转念一想,只有40秒的时间,可能连客套话都说不完。索性,他另辟蹊径,把重点放在了曼彻斯特大学最关注的地方。

"我是财务管理专业大四的学生,即将毕业,我想申请贵校的金融专业。我的托福考了95分,这个成绩不是很高,可能和我考试时发挥不够好有关。但我在校期间各门课程的平均分比较好,为89.7分。另外,我在校期间还参加了"养老基金预测"等课题研究,我写的论文还在核心期刊《国家商情》上发表过。为此,我获得了国家级奖学金、省优秀学生等荣誉。"

说完这段话,印天发现,原来一直低着头的考官们纷纷抬起头来。

专家点评：海外名校非常关注综合成绩和学术背景，印天的聪明之处在于，他能够随机应变，在短时间内有效地把握住对方的考察重点。有的学生，照着准备好的东西背，或是拼命显示自己的英语水平，而这些，都不是人家最感兴趣的地方。

二、展现自我最特别的

第一个问题事先准备了却没用上，第二个问题会是什么呢？正在这时，考官发问了，"同学，能说说你自己有什么长处吗？时间50秒。"

印天的第一反应是自己的各类获奖证书，但转念一想，与那些名牌大学的高才生相比，自己的学历、证书、社会实践都没有优势，要想脱颖而出，一定要突出自己的特点。于是，他这样说："我比较善于坚持和团队合作，比如我在校期间，曾经看到报纸上一则消息：2005年8月到2006年5月期间，南京地铁1号线16站共丢失20多万张单程票，造成直接损失达60多万人民币。我看了消息后，觉得很浪费，便和班上其他3位同学讨论如何减少地铁票的流失问题。调查过程非常辛苦，我们4个人花了半年时间终于完成了课题调查研究，并分析出了为何出现地铁票流失的原因。最后课题申报成功，获得了大学的科技基金。可以说，没有坚持和团队合作是不可能顺利完成这项课题研究的。"

说完以后，印天观察考官的神情，发现他们的脸上浮动着一丝微笑。

专家点评：印天的回答，抓住最重要的几个地方将自己的特点体现了出来。首先，他让人有一种社会责任感很强的感觉；其次，他提到的坚持、团队合作以及调查研究能力，都是将来在国外学习过程中必不可少的要素。总而言之，做到了既与众不同，又言之有物。相比而言，有的博士生一股脑地把自己的获奖证书和社会实践罗列出来，不仅显得杂乱无章，而且有哗众取宠之嫌。

三、描述最"细化"的

凭直觉，印天感到考官对他的表现还算满意，这给了他很强的信心。借鉴以往的经验，他本以为，后面可能会问他一些关于如何在国外生活和学习的问题，没想到的是，人家比他更有前瞻性。"如果你从曼彻斯特大学毕业，今后有什么打算？时间一分钟。"一位考官盯着他看了一会儿，笑呵呵地问。

天哪，这个问题还真没思考过。印天先是心里一紧，稍加思索，顿时放松下来。这不就是问自己的人生规划嘛！他暗暗告诉自己，考官给了一分钟，是三个问题中时间最长的，一定要说得清楚些。

"我想可能会有几个阶段：22—25岁期间好好读书，学好金融投资方面的专业知识；25—30岁，先服务于金融机构，积累一定的工作经验；30—35岁，一边积累工作经验，一边再去读MBA；36—50岁期间，自主创业或者到麦肯锡等专业的咨询机构工作；50岁以后在中国开所大学，创立顶级的商学院，把我的经验跟下一代人分享。"

话音刚落，几个考官不约而同地相互点了点头。一位中文颇为流利的考官开玩笑说："关于这个问题，今天很多考生的答案都是一句'读完书在国外积累些工作经验后再回国'，我还以为你们都商量好的呢！你的答案解除了我的疑虑，哈哈。"

第六章 面试口才

案例中印天面试成功得益于哪些地方?

面试是一种通过精心设计,以交流和观察为主要手段,以了解应聘者素质及相关信息为目的的测试方式。面试是用人单位选聘录用人才的重要方法和必不可少的步骤,是供需双方相互加深了解的必要途径。面试不仅可以考核求职者的知识水平,而且可以面对面地观察求职者的仪态、气质、口才、应变能力和某些特殊技能等,择业过程中的面试是相当关键的一步。面试既是应试者的第一个机会,也是用人单位对应聘者的第一次评估,是双方能否一拍即合的最佳机会,因此,对面试应予以足够的重视,做好充分准备。

面试测评的主要内容有:① 仪表风度。这是指求职者的体型、外貌、气色、衣着、举止、精神状态等。② 专业知识。作为对专业知识考试的补充,招聘者通过面试了解求职者掌握专业知识的深度和广度以及其专业知识是否符合用人单位的要求。③ 口头表达能力。考察面试求职者是否能够将自己的思想、观点、意见和建议顺畅地用语言表达出来,以及其表达的逻辑性、准确性、感染力、音质、音色、音量、音调等。④ 反应能力与应变能力。主要看求职者对招聘者所提问题的理解是否准确贴切,回答是否迅速、准确等,对突发问题的反应是否机智敏捷、回答恰当,对于意外的处理是否得当、妥善等。⑤ 自我控制能力与情绪稳定性。在遇到上司批评指责、工作有压力,或者当个人利益受到冲击时,能够克制、容忍、理智地对待,不至于因情绪波动而影响工作。⑥ 工作态度。招聘者往往要了解两点:一是了解求职者过去对学习、工作的态度;二是了解其对求职职位的态度。一般认为,在过去学习或工作中态度不认真,对做好做坏无所谓的人,在新的工作岗位也很难做到勤勤恳恳、认真负责。⑦ 上进心、进取心。上进心、进取心强烈的人,一般都会确立自己事业上的奋斗目标,并为之而积极努力。⑧ 求职动机。了解求职者为何希望来本单位工作,对哪类工作最感兴趣,在工作中追求什么,从而判断本单位所提供的职位或工作条件等能否满足其工作要求和期望。⑨ 业余爱好。招聘者往往会询问求职者在休闲时间喜欢哪些运动,喜欢阅读哪些书籍,以及喜欢什么样的电视节目,有什么样的嗜好等。了解一个人的兴趣爱好,这对录用后的工作安排有好处。

一、面试的类型

面试通常有以下几种类型:

1. 结构化面试

结构化面试即标准化面试,是相对于传统的经验型面试而言的,是指按照事先制定好的面试提纲上的问题一一发问,并按照标准格式记下面试者的回答和对他的评价的一种面试方式。面试官根据所制定的评价指标,运用特定的问题、评价方法和评价标准,对应聘者的综合素质和专业素质进行评价。结构化面试的内容包括综合素质和专业素质两个方面。综合素质的测试要素包括逻辑思维、应变能力、创新意识、组织协调、管理决策、计划和控制、成就动机、兴趣爱好、求实精神、分析与判断、经营决策、自我控制、人际关系13项。专业素质内容主要包括专业知识、专业技能、综合应用等。

2. 无领导小组讨论

无领导小组讨论是评价中心技术中经常使用的一种测评技术,其采用情景模拟的方式对应试者进行集体面试,通过给一组应试者(一般是5~7人)一个与工作相关的问题,让应试者进行一定时间(一般是1小时左右)的讨论,来检测应试者的组织协调能力、口头表达能力、辩论能力、说服能力、情绪稳定性、处理人际关系的技巧、非言语沟通能力(如面部表情、身体姿势、语调、语速和手势等)等各个方面的能力和素质是否达到拟任岗位的用人要求,以及自信程度、进取心、责任心和灵活性等个性特点和行为风格是否符合拟任岗位的团体气氛,由此来综合评价应试者的优劣。

3. 文件筐测验

文件筐测验,通常又叫公文处理测验,是评价中心最常用和最核心的技术之一。文件筐测验是情景模拟测试的一项,通常用于管理人员的选拔,是考查授权、计划、组织、控制和判断等能力素质的测评方式。一般做法是让应试者在限定时间(通常为1~3小时)内处理事务记录、函电、报告、声明、请示及有关材料等文件,内容涉及人事、资金、财务、工作程序等方面。一般只给日历、背景介绍、测验提示和纸笔,应试者在没有旁人协助的情况下回复函电,拟写指示,做出决定,以及安排会议。评分除了看书面结果外,还要求应试者对其问题处理方式做出解释,根据其思维过程予以评分。文件筐测验让应试者处于模拟的工作情境中去完成一系列任务,与通常的纸笔测验相比,显得生动灵活而且有创新性,能较好地反映应试者的真实水平。这种测验方法主要考虑到了应试者在日常工作中接触和处理大量文件的需要。

4. 情景模拟测试

情景模拟测评,是设置一定的模拟情况,要求应试者扮演某一角色并进入角色情境去处理各种事务及各种问题和矛盾。考官通过对应试者在情境中所表现出来的行为进行观察和记录,以测评其素质潜能,或看其是否能适应或胜任工作。

5. 答辩与演讲式面试

抽签答辩式面试是指根据岗位需要试前确定一些要考生回答的问题,制成题签,应试者入场后通过现场抽签向考官们解答题签上提出的问题。一般来说,题签的数量由应试者的多寡而定,每个题签内含1~3道问题。应试者回答问题过程中,考官依据试前准备好的试题答案,综合应试者回答这一问题时的整体表现为考生打分。这种面试方法较易操作,评分确定,评分的客观公正性好掌握。不足的是测查面窄,缺乏针对性和灵活性,掌握不好易流于"笔试口答"的模式,不利于考生发挥其特长。此外,由于不同的应试者抽到不同试题,而试题间很少完全等值,这就意味着报考相同职位的考生可能面对难度不同的试题,而给测评带入不公正因素,可比性打了折扣。

要求应试者讲演,这是对面谈法和小组讨论法中应试者表现的一个更集中、更直接的测评。这时,没有谈话的对方,没有考官提问,只有听众。应试者是讲台上唯一的演员,更可以充分、自主地表现自己的气质、风度、口头表达能力、见解和观点。面试演说不同于一般场合下的演说,面试演说面对的观众主要是面试考官,他们要依据你的演讲来决定你是否适合所争取的职位。因而要以此为中心,向听众展示自己,博得好感与赞同。另一部分听众是参与竞争的其他应试者,他们对于你的演讲不能发表意见,没有决定考官判断的权利,但他们的情绪反应仍会影响考官对你的评价。

二、求职面试禁忌

在求职面试中,有诸多注意点,需要求职者认真对待,以增加求职成功率。在着装得体的前提下,要从时间、语言及心理等方面精心准备,从容应对面试,力争在面试中展示自己最美好、最有能力的方面,避免失误,力保求职顺利成功。

1. 时间禁忌

务必遵守约定的面试时间。在日常生活中,国人不怎么讲究准时,而面试时的守时却是至关重要的。迟到是绝对不可原谅的行为,代表你对这家公司根本不重视。太早到也不好,主试者可能有别的事情,还要应付你的突然出现。

在面试这个阶段,无论任何情况,都不要迟到,最好能够提前10分钟到达面试地点。这样,既能够显示出你做事情的感觉和意识,也能够表明你对本次应聘活动足够重视。于是,遵守时间是一个很重要的细节因素。一定要考虑到路况,不要因为这些不可操纵的因素而影响到自己。

接到面试通知,如果不能或不想出席,都应该在前一至三天以电话婉转地通知对方。许多求职者可能会认为,反正我已决定不去这家公司上班,何必和对方有所接触?这绝对是错误的观念,会给对方留下恶意缺席的印象,对你日后要在这个行业中发展一定有所影响。

2. 语言禁忌

(1) 口语中的忌语。

① 缺乏自信。"你们要几个?"这种问法就显得求职信心不足。对用人单位来讲,招一个是招,招十个也是招,问题不在于招几个,而是你有没有成为百分之一或二分之一或独一无二的竞争力和实力。"你们要不要女性?"这样询问的女性,首先给自己打了"折扣",是一种缺乏自信的表现。面对露怯意的女性,用人单位正好"顺水推舟",予以回绝,你若是来一番非同凡响的陈词或巧妙的介绍,反倒会让对方认真考虑一番。"外地人要不要?"一些外地人或出于坦诚,或急于得到"兑现",一见用人单位的招聘人员劈头就问这么一句,弄得人家无话可说。因为一般情况下,不是不要外地人,也不是所有外地人都要,这要看你的实际情况能否与对方需求接上口,让人家很有必要接纳你。这么简单的

一问,很可能得到同样简单的回绝答复。

② 一上来就问待遇。"你们的待遇怎么样?"工作还没干就先提条件了,何况我还没说要你呢!谈论报酬,无可厚非,只是要看时机,一般是在双方已有初步意向时再委婉地提出。

③ 不合逻辑。考官问:"请你告诉我你的一次失败经历。""我想不起我曾经失败过。"这样的搪塞之词在逻辑上是讲不通的。又如:"你有何缺点?"回答:"我可以胜任一切工作。"这既不符合逻辑,也不符合实际。

④ 报熟人、拉关系。如"我认识你们单位×××""××经理,我们是同学,我们关系很不错"等。这种话主考官听了会反感,如果主考官与你所说的那个人以往关系就不怎么好,甚至有矛盾,那么,这话引起的结果就会更糟。

⑤ 拿腔拿调。有一位从新加坡回国求职的机电工程师,由于在新加坡待了两年,"新加坡腔"比新加坡人还厉害,每句话后面都长长地拖上一个"啦"字,诸如"那肯定的啦""我看是没问题的啦""OK啦""如果你们认为可以不妨让我试一试的啦"。半小时面试下来,考官们被他"啦"得晕头转向,临别时也"回敬"了他一句:"请回去等消息啦!"

⑥ 不当反问。如主考官问:"关于薪资你的期望值是多少?"应聘者反问:"你们打算出多少?"这样反问就很不礼貌,很容易引起主考官的不快。

⑦ 本末倒置。面试快要结束时,主考官向求职者问道:"请问你有什么问题要问我们吗?"这位求职者欠了欠身,开始了他的发问:"请问你们的投资规模有多大?中外方比例是多少?""请问你们董事会成员中外方各有几位?""你们未来五年的发展规模如何?"参加求职面试,一定要把自己的位置摆正,像这位求职者,就是没有把自己的位置摆正,所问的一些问题已超出了应当提问的范围,使主考官产生反感。

(2) 书面语言的忌语。

向用人单位提供求职材料,如求职信、应聘信、自荐信等,为了谋求一个好的职业或岗位,求职者往往会尽其所能说一些别出心裁的、与众不同的话,以求打动对方,但稍有不慎就会冒出一些不恰当的语言,叫人接受不了。求职材料中的忌语主要有如下一些类型:

① 借别的单位要挟招聘方。如:"现已有多家公司欲聘用我了,所以请贵公司从速答复。"这实际上是在威胁人家,是在用别的单位来压聘用方,好像是在说"我可是一个人才,大家都在抢着要聘用我,你不聘用我,就是不识才,不爱才,不用才"。这往往会激怒对方,导致求职失败。

② 以上压下。如:"贵公司的××总经理先生要我直接写信给您,请多关照。"这样的求职语言也会让收信人看后反感。

③ 给招聘方限定时间。如:"本人于×月×日要赴外地出差,敬请贵经理务必于×月×日之前复信为盼。"这种说法,虽然表面上看相当客气,可实际上是在限定对方的时间,好像是在给对方下命令。

④ 给招聘方规定义务。如:"本人谨以最诚挚的心情,应聘贵公司的会计师一职,盼望得到贵公司的尊重、考虑和录用。"这种写法看似十分诚恳,而事实上是在强迫对方,因为这句话的实际含义是"你如果不录用我,就是对我的不信任、不尊重,所以,你必须录用我,才表明对我是信任和尊重的"。

⑤ 冗繁琐碎。如:"本人芳龄27,学历大专,1996年结婚,次年4月喜得一子,初为人母的我不得不暂时放弃了一份收入尚不算太差的工作,且因父母年事已高,先生又长年出差在外,生活的艰辛没有使我屈服,我挺住了！如今我儿已寄入托儿所,使得我得以脱身,强烈的求职愿望促使我写信给您……"这段语言读来似乎情真意切,却是一些多余的话,给人以累赘、唠唠叨叨、过分沉溺于家庭琐事之感。

⑥ 感情虚假,说话过头。如:"我怀着无比崇敬的心情给您提笔写这封信,我曾经有幸听过您讲的一堂课,您的音容笑貌深深地印在我的脑海,使我怀念……"这种饱含感情的话语,本来是想打动人、抓住人的,却给人以虚假、过头之感。

⑦ 鹦鹉学舌。如:"本人虚度光阴,二十有八,独子,居市中心高档住宅区,原收入尚可,现欲更好地发展自己,诚觅收入、职位相适之就业良机。"这是在模仿"征婚启事""征租启事"的写法,应该说清的话也没有说清楚。古语道:"酒逢知己千杯少,话不投机半句多。"求职面试,语言当慎!

3. 心理禁忌

（1）故意卖弄。

刘琼大学学的是英语专业,口语表达也很流利,在校期间还多次获得英语演讲比赛的大奖。刘琼在应聘时一心想展示自己的英语水平,唯恐别人不知道。于是,在一次面试中,她不时地用中英文夹杂的话语跟考官"交流":"贵公司给了这样一个机会,我很happy(高兴)。在这次面试中,我更加深刻地understand(明白)贵公司的企业文化和管理特点。我十分欣赏贵公司的企业文化和管理方式。如果这次面试我能顺利pass(通过),我将会更加努力工作,以我的专业知识、管理技能等为公司的进一步发展do my best(尽最大努力)。真诚地希望能有机会与您共同工作……"考官听得头昏脑涨,不得不打断了刘琼的话。不用说,刘琼的面试失败了。

刘琼本来只是想表达一下自己加盟公司的意愿和将来认真学习的态度,但她为了展示自己的英语水平,就中英文夹杂着讲话,这种做法不但不能让考官感觉出她的英语水平有多高,反而觉得她是在卖弄,因此心生反感。可见,在参加面试时,求职者一定要注意得体地展现自己的优势,切不可故意在考官面前炫耀、卖弄,否则反倒显得自己非常浅薄。当然,如果你在某方面有特长,可以直接告诉用人单位,对方若是感兴趣,会在适当的时候对你进行专业测试。

（2）谦虚过度。

孙超在笔试中"过五关,斩六将"后,终于在一家知名公司取得了面试资格,他暗暗告诫自己一定要在考官面前表现出谦虚,以便赢得考官的好感。

面试中,考官闲聊似地问了他几个问题:"会写毛笔字吗?"孙超答道:"写得不好。"经理又问:"打字速度怎么样?"孙超腼腆地说:"一般吧,不是很快。"经理又问:"你有没有把握在两个月内学会开车?"孙超说:"不敢保证,试试看吧。"总经理看看孙超,突然问道:"如果公司需要,你能不能马上接替总经理秘书的工作?"孙超犹豫了一下,回答道:"不行吧,我哪能当总经理秘书啊?我缺乏工作经验,还要多多学习呢。"其实,孙超钢笔字写得很好,打字速度也不慢,综合素质并不差,但他这种过度谦虚的表现让考官对他的能力产生了怀疑。最终,孙超落选了。

显然,孙超恪守了"谦虚是最大的美德"这一箴言,总是将"不好""试试吧"之类的话挂在嘴边,结果没能展示出自己真实的素质和能力,遗憾地落选了。他过度谦虚的表现,说明他有着强烈的自卑心理,不敢抓住机遇,迎接挑战。每个招聘者都在寻找那些能力强的求职者。如果一个求职者总是不敢"亮剑",反复表示自己能力不强,招聘者又怎么会录用他呢?

自信是成功的先决条件。如果过分谦虚,就说明你缺乏自信,失去机会也就不足为奇了。其实,面试时,求职者亮出的旗帜上始终应该写着"我有信心做好这份工作,我能胜任这份工作",这样才有可能打动招聘方。

(3)偏激固执。

何玲是学教育专业的,大学毕业后到一所小学应聘,该校为她安排了试讲一堂课作为面试。何玲的课讲得很好,在座的老师都忍不住点头称赞。在她讲课结束后,一位老师指着黑板说:"你的课从整体来看讲得挺不错。但是我觉得板书还可以做一下修改,是不是可以……"没等这位老师把话说完,何玲就开始反驳了:"某某教育家说过,板书应该……;某某权威人士说过,板书应该……这个板书是根据某某教育家的理论设计出来的,我认为这个设计是最科学的……"何玲的反驳让那位老师非常难堪,在座的校长及其他老师也面面相觑。最终,何玲落选了。

何玲的做法显然过于偏激和固执。可以看出,她面试之前做了很多准备,也精心构思了板书的形式,查阅了相关资料,可谓有备而来。面对考官对板书的质疑,她更应该谦逊耐心地解释自己的想法,并请考官多提宝贵意见。何玲却固执地反驳考官,虽然证实了自己的见解是有根据的,但无疑伤害了对方,面试自然难免失败。求职者要切记,面试时一定要避免同考官发生不必要的争论,因为面试考场上,应该是考官在考你,而不是你与考官辩论。

求职者要想在面试时获得成功,就要从各方面严格要求自己,避开包括上述几种行为在内的各种错误。只有这样,你的面试才可能柳暗花明。

在面试中,行为举止要得当,语言要得体,动作要自然,从容镇定,才能取得面试的成功。不要随身携带过多的东西,如票夹、钥匙、手机、钱包等,挑出必须随身携带的零钱和证件,把那些与面试无关的东西留在家里。如果需要带手机,那请你记得进考场前把手机调成静音状态或直接关机。

练一练

组织本班同学分组协作,开展一次模拟面试活动。

第三节　求职面试的礼仪技巧

任务

1. 学习面试中的礼仪技巧。
2. 学会运用礼仪技巧。

读一读

案例

李安大学毕业,初到上海,找工作,他电话联系了一家公司。公司招聘负责人感觉通过电话了解李安各方面条件都比较符合公司招聘需要,随即约定在周三的上午九点要李安到公司参加面试。周三李安怕迟到,就提前出发,到达公司办公地时,还有20分钟时间才能开始面试。但是由于约定的时间未到,他就在公司的外面等着,等到了时间再进公司面试。就在他在公司外面等待的时间里,公司招聘人员看见了他,问他有什么事情,他回答说等待面试的,因约定时间未到,所以在外面等着。招聘人员进公司后,将他的情况向招聘负责人做了汇报。那位负责人随即请李安进入公司,当面告诉他他被公司录用了,不需要再进行面试了。

议一议

请你说说案例中李安成功就职的原因是什么?

学一学

掌握一些基本的礼仪技巧,能够助推求职成功。

一、时间观念放第一

守时是职业道德的一个基本要求,提前10～15分钟到达面试地点效果最佳,可熟悉一下环境,稳定一下心神。提前半小时以上到达会被视为没有时间观念,但在面试时迟

到或是匆匆忙忙赶到却是致命的。如果你面试迟到,那么不管你有什么理由,也会被视为缺乏自我管理和约束能力,即缺乏职业能力,给面试者留下非常不好的印象。不管什么理由,迟到会影响自身的形象,这是一个对人、对自己尊重的问题。而且大公司的面试往往一次要安排很多人,迟到几分钟,就很可能永远与这家公司失之交臂了,因为这是面试的第一道题,你的分值就被扣掉,后面的你也会因状态不佳而搞砸。

如果路程较远,宁可早到 30 分钟,甚至一个小时,也不要迟到。城市很大,路上堵车的情形很普遍,对于不熟悉的地方也难免迷路。但早到后不宜提早进入办公室,最好不要提前 10 分钟以上出现在面谈地点,否则聘用者很可能因为手头的事情没处理完而觉得很不方便。外企的老板往往是说几点就是几点,一般绝不提前。当然,如果事先通知了许多人来面试,早到者可提早面试或是在空闲的会议室等候,那就另当别论。对面试地点比较远,地理位置也比较复杂的,不妨先跑一趟,熟悉交通线路、地形,甚至事先搞清洗手间的位置,这样你就能知道面试的具体地点,同时也了解路上所需的时间。

二、良好形象要呈现

到了办公区,最好径直走到面试单位,不要东张西望;走进公司之前,口香糖和香烟都收起来,因为大多数的面试官都无法忍受你在公司嚼口香糖或吸烟;手机坚决不要开,避免面试时造成尴尬局面,同时也分散你的精力,影响你的成绩。一进面试单位,若有前台,则开门见山说明来意,经引导到指定区域落座。若无前台,则找工作人员求助。这时要注意用语文明,开始的"你好"和被指导后的"谢谢"是必说的,这代表你的教养。一些小企业没有等候室,就在面试办公室的门外等候。当办公室门打开时应有礼貌地说声"打扰了",然后向室内考官表明自己是来面试的,绝不可贸然闯入。假如有工作人员告诉你面试地点及时间,应当表示感谢,不要询问单位情况或向其索要材料,且不要对单位加以品评。不要驻足观看其他工作人员的工作,或在落座后对工作人员所讨论的事情或接听的电话发表意见或评论,以免给人肤浅嘴快的印象。

三、等待面试不着急

进入公司前台,要把访问的主题、有无约定、访问者的名字和自己名字报上。到达面试地点后应在等候室耐心等候,并保持安静及正确的坐姿。如果此时有的单位准备了公司的介绍材料,应该仔细阅读以期先了解其情况。也可自带一些试题重温。不要来回走动,显得焦躁不安,也不要与别的接受面试者聊天,因为这可能是你未来的同事,甚至决定你能否称职的人,你的谈话对周围的影响是你难以把握的,也许会导致你应聘的失败。如果在接待室恰巧遇到朋友或熟人,千万不可以旁若无人地大声说话或笑闹。

四、第一个照面要打好

与面试官的见面要注意一些细节的把握和处理。

1. 把握进入时机

如果没有人通知,即使前面一个人已经面试结束,也应该在门外耐心等待,不要擅自走进面试房间。自己的名字被喊到,就有力地答一声"是",然后再敲门进入,敲两三下是较为标准的。敲门时千万不可敲得太用劲。听到里面说"请进"后,要回答"打扰了"再进入房间。开门关门尽量要轻,进门后不要用后手随手将门关上,应转过身去正对着门,用手轻轻将门合上。回过身来将上半身前倾30度左右,向面试官鞠躬行礼,面带微笑称呼一声"你好",彬彬有礼而大方得体,不要过分殷勤、拘谨或过分谦让。

2. 握手专业化

面试时,握手是最重要的一种身体语言。专业化的握手能创造出平等、彼此信任的和谐氛围。自信会使人感到能够胜任而且愿意做任何工作。这是创造好的第一印象的最佳途径。怎样握手,握多长时间,这些都非常关键。因为这是你与面试官的初次见面,这种手与手的礼貌接触是建立第一印象的重要开始,不少企业把握手作为考察一个应聘者是否专业、自信的依据。所以,在面试官的手朝你伸过来之后就握住它,有力地摇两下,然后把手自然地放下。握手应该坚实有力,有"感染力"。双眼要直视对方,自信地说出你的名字,即使你是位女士,也要表示出坚定的态度,但不要太使劲,更不要使劲摇晃。不要用两只手,用这种方式握手在西方公司看来不够专业。手应当是干燥、温暖的。如果他/她伸出手,却握到一只软弱无力、湿乎乎的手,这肯定不是好的开端。

3. 注意形体语言的表达

加州大学洛杉矶分校的一项研究表明,个人给他人留下的印象,7%取决于用词,38%取决于音质,55%取决于非语言交流。非语言交流的重要性可想而知。在面试中,恰当使用非语言交流的技巧,将会带来事半功倍的效果。

无声语言是重要的公关手段,主要有手势语、目光语、身势语、面部语、服饰语等。通过仪表、姿态、神情、动作来传递信息,在交谈中往往起着有声语言无法比拟的效果,是职业形象的更高境界。形体语言对面试成败非常关键,有时一个眼神或者手势都会影响到整体评分。比如面部表情的适当微笑,能显现出一个人的乐观、豁达、自信;服饰的大方得体、不俗不妖,能反映出大学生风华正茂、有知识、有修养、青春活泼、独有魅力,它可以在考官眼中形成一道绚丽的风景,增强你的求职竞争能力。

五、坦然自若答问题

面试时,一般情况下,应该有问必答。当主考官提出的问题令你感到受冒犯或者与工作无关时,可以有礼貌地回问为什么问这样的问题,或者委婉地回答:"对不起,我不知道这个问题与我应聘的职位有什么关系,我能不能暂时先不回答这个问题呢?"千万不要很生硬地说"我不能回答这样不礼貌的问题"或者"怎么问这么不礼貌的问题"。毕竟对方是主考官,触犯了他就有可能失去这份工作,即使被录取了,在日后的工作中也会有所不便。此时此刻,不能意气用事,或者表现得不礼貌、不冷静。拒绝是可以的,但口气和态度一定要婉转、温和。

此外,在面试过程中,要注意一些细枝末节的礼仪问题。一些在平时可以有的动作、行为出现在面谈过程中,是不礼貌的,它们会被主考官作为评判的内容,进而影响你的录用。面试时不要嚼口香糖、抽烟,在与他人交谈过程中,嘴里吃东西、叼着烟都会给人不庄重的感觉,也表现出对考官的不尊重;不要弯腰低头,否则不但显得没有年轻人的朝气、精神萎靡不振,而且会让主考官觉得你对这次面试不感兴趣,进而怀疑你是否真心愿意到本公司来工作。正确的姿势应该是腰板儿挺直,双手放在适当的位置,双眼友好地直视讲话者的双目或眉心,并面带微笑。不要随便动办公室里的任何东西。当自己随身带着公事包或皮包时,不要放在考官的办公桌上,也不要挂在椅子背上,可以把它放在自己坐的椅子旁边或背后。面谈结束离座时,要将椅子放回原位,然后向主考官致谢。不要有揉眼睛、掏耳朵、抠鼻子等多余的动作。

一个人优雅、得体、自然的举止,不是为了某种场合硬装出来的,而应是日常生活中的修养所致,是一种长久熏陶、顺其自然的结果。在平时要有意识地调整、训练自己的举止,从最基本的站、行、坐、蹲、招手、点头、表情等做起。

练一练

组织本班同学开展一次模拟求职礼仪比赛活动。

第四节　求职面试的语言策略

任务

学习面试求职的语言技巧。

读一读

案例1：

小史是某名牌大学工业自动化专业的高才生,获过奖,专业知识扎实,完全有能力胜任经理助理一职。在应聘一家美资企业的动力设备部经理助理时,因受"做人要谦虚"这一传统美德的熏陶,试图以谦卑的话博得考官的好感,却弄巧成拙。考官问他:"你觉得你能胜任你应聘的职位吗?"小史谦虚地答道:"我没干过这个,经验肯定不够,也不一定能做好,试试吧!"

考官看他简历上写着获过大学生创业设计大赛二等奖,就问他有何收获。小史却说:"那都是同学的功劳,我只不过帮点忙,没做什么。"考官听后,认为小史能力欠佳,不能立即胜任所聘职位,拒绝了他。

案例 2：

应届生阿文一直认为面试中忽悠好考官，万事都 OK，因而在去应聘一家知名企业时，阿文自吹自擂，还撒了点谎。在谈到自己大学里的表现时，他说："大三暑假时，我曾在××公司实习，因为表现突出，策划并完成了许多项目，公司极力挽留我，但考虑到自己还是学生，就放弃了，这说明，我的能力得到了认可……"

"你确认你是在 2007 年在××公司实习吗？"阿文正说得天花乱坠，主考官突然问道。

阿文一口咬定："你可以去调查。"

主考官笑着说："小伙子啊，2007 年我就在那家公司任人事经理，的确有学生来实习，但是，表现如此突出的学生，我没听说，更没极力挽留过啊！你怎么撒谎也不脸红啊！"

阿文听后大吃一惊，狼狈地结束了面试，匆忙地离开了这家公司。

议一议

1. 读了案例 1，说说你的想法。
2. 案例 2 中阿文狼狈离开的原因是什么？

学一学

求职者要想应聘成功，不但要符合招聘条件，面试语言也要能吸引和打动考官。这就需要求职者掌握一些语言技巧，方能在面试交流中脱颖而出。

语言艺术是一门综合艺术，包含着丰富的内涵。一个语言艺术造诣较深的人需要多方面的素质，如具有较高理论水平、广博的知识、扎扎实实的语言功底。如果说外部形象是面试的第一张名片，那么语言就是第二张名片，它客观反映了一个人的文化素质和内涵修养。任何场合都欢迎谦虚、诚恳、自然、亲和、自信的谈话态度。面试时要在现有的语言水平上，尽可能地发挥口才作用，对所提出的问题对答如流，恰到好处，妙语连珠，耐人寻味，又不夸夸其谈，夸大其词。

在求职面试时，如何用得体、简洁而又恰当的语言来展现自己的才华，回答主考官的提问，进而获得招聘者的青睐，这可能是令所有应聘者困扰的问题。其实，如果在面试过程中注意语言，运用一定的语言策略，避免泛泛而谈、人云亦云，就可以达到以"新"取胜。在与招聘者的语言交流中，要学习运用以下基本策略。

一、用豪爽的语言来表达信念

不少人都不愿意在面试时流露自己真实的情感倾向，生怕表述不当而引起主考官的反感。其实，面对主考官较为挑剔、带有负面色彩的问题时，想要以"新"取胜，最好的办法便是大胆地倾吐自己的真实情感，用豪爽的语言来表达自己的信念。

问:"你最不能容忍的缺点是什么?"答:"拖拖拉拉,现在的事将来做。"

对于如何看待"缺点"之类的问题,应聘者应该贬斥这些缺点,这是毋庸置疑的。但是,这种贬斥的尺度是不好把握的。而上面这位应聘者并没有过多地去思考、掩饰自己的真实情感,也没有过多地考虑从哪方面切入,而是针对某一点——时间的话题切入,准确地表明了自身的信念和情感倾向。这样爽快豪放的劲头,这样新颖别致的答案,一定会让主考官刮目相看的。

二、用委婉语言来暗示自己的能力

很多应聘者在表述自己的能力时,不是缩手缩脚,就是狂傲自夸。如果能借某个话题,巧妙地发挥一下,绕一个圈子、卖一个关子、设一个悬念,就可以委婉地展示自己在某方面的能力或特长。

问:"你是以什么身份来美国的?现在干的是什么工作?"

答:"我是来美国自费留学的,现在是美国某跨国公司的经理助理,主要工作是帮助公司降低成本、提高竞争能力。因为公司只有我一人做这项工作,因此压力大,责任重。不过,我喜欢这样富于挑战性的工作。只是为了照顾妻子,我才来贵公司的。"

这位应聘者在介绍自己情况的同时,不仅暗示了自身的工作能力强,还借补充的"照顾妻子"一语,暗示了自己是一个有强烈家庭责任感的人。这种看似不经意的暗示性回答,既避免了某种自我吹嘘和高傲之感,又巧妙地传达了自身能力的信息与责任感,还让主考官窥见了自己言谈的智慧和风采,怎能不受到对方青睐呢?

三、用转移视线的方法来显示自己的个性

面试中,应聘者难免会遇到一些无把握的、不了解的问题。但你要明白,主考官这样提问,往往是醉翁之意不在酒,其用意有可能只是考验一下你的反应能力,而并不是真的考查你的相关知识。这时候,应聘者不妨将计就计,利用这个机会采用一种转移话题的方式,即以虚代实、以巧藏拙的方式来应答,从而打破窘境,以某种机敏展示出自身鲜明的个性和别具一格的谈话风格。

问:"如果被聘用,你想得到怎样的待遇或者好处?"

答:"除了应得的报酬以外,公司能否给我更大的无形好处或者发展空间呢?比如提高自身的素养、挖掘自我潜在的能力,还有提升的机会……当然,这都有赖于贵公司的成全啦!"

面试者对具体的待遇采取了回避的方式,而将话题转移到"将来时态"上去,以一些较虚较泛的期望来应答,显得独特而新鲜。尤其是末尾一句近乎老熟人似的玩笑话,不仅展示了自己随和、亲切的个性,而且给了主考官一种富于幽默感的好印象。

四、用拖延来展示自己应变的智慧

遭遇某个不会、不懂的难题,既是每个应聘者的不幸,也是展示其应变能力和口才的机会。遇到这类难题时,如果对方只是问"会不会""能不能"的问题,面试者视情况不妨来个缓兵之计,即先以肯定的口吻应答下来,然后另辟蹊径,或者以解决这类问题的一般

方式作答。有时候,也不妨先试探一下对方的真实意图,然后再来个先允后补、亡羊补牢的应急之术。

问:"你英语不错。你还会什么?比如会不会设计网页?"

答:"这——今天就要考它吗?"

问:"今天不考,只是问问而已。"

答:"我会——是的,我会!当然会!"

这位应聘者根本没设计过网页,可是,面对这种"哪壶不开提哪壶"的窘境,在两难中,他却沉住气,机智地避开正面回答会或不会,而从对方口中探听出提问的虚与实,然后才来个"空城计",这种应急之术、缓兵之法,为他补上网页设计的技能争得了时间,不能不说是一种出奇制胜的应急之策。

五、用模糊的回答来应对模糊的提问

有时候,主考官会有意用一种比较含混、宽泛的话来提问,以此来试探应聘者的某种意愿或意向,在这种情况下,应聘者想要作一个准确的回答就显得比较困难了。其实,我们与其揣摩考官的真意,不如来个以虚对虚,用一种同样模棱两可的话来作答,这样就有可能跳出问题本身的束缚,从而拓展另一表白自身意愿或意向的空间。

问:"你来到这儿,是想干什么工作呢?"

答:"老实说,我目前还没来得及考虑……贵公司不是在全国招聘吗?我想机会是广泛的。"

显然,这样的提问就比较模糊含混,是问干何工种、何种职位,还是问去哪个部门呢?在这种情况下,应聘者的聪明之处在于,他采取了同样一种含混的应答手段,以口中模糊之"盾"去挡对方含混之"矛",有意用"机会"来替代"工作",显得非常机智、灵活。而且在"全国招聘"一语中,还暗示了"非这家公司不可"的意愿,从而使主考官对这位应聘者产生一种信任感。

语言是求职者在求职面试中与招聘人员沟通情况、交流思想感情的工具,更是求职者敞开心扉,展示自己的知识、智慧、能力和气质的一个主要渠道。恰当得体的语言无疑会增强你的竞争力,帮助你获得成功;反之,不得体的语言会损害你的形象,削弱你的竞争力,甚至导致求职面试的失败。

 练一练

小李高职毕业后,到一公司销售部应聘经理助理。在面试过程中,考官问他:"如果把这个职位交给你,你有什么样的工作计划?"小李初出校门,无相关工作经验,他该如何回答考官的这个问题?请你帮他出出主意。

第七章 商务口才

第一节 商务礼仪

 任务

了解商务礼仪基本知识。

 读一读

案例1：
甲男甲女两白领在门口迎候来宾。一轿车驶到，乙男下车。甲女上前，道："陈总您好！"随即呈上自己的名片。又道："陈总，我叫李菲，是正道集团公关部经理，专程前来迎接您。"乙男道谢。甲男上前："陈总好！您认识我吧？"乙男点头。甲男又道："那我是谁？"乙男尴尬不堪。

案例2：
一男一女交谈。男士问："您多大呢？"女士不快："二十八岁。"男士问："有对象吗？"女士答："有。"男士又问："结婚了吗？"女士答："早结了。"男士再问："有孩子吗？"女士不答。场面非常尴尬。

 议一议

案例中男士的言谈存在哪些不当之处？

第七章 商务口才

学一学

商务礼仪是在商务活动中体现相互尊重的行为准则,是商务活动中对人的仪容仪表和言谈举止的普遍要求。商务礼仪的核心是一种行为准则,用来约束我们日常商务活动的方方面面。商务礼仪的核心作用是为了体现人与人之间的相互尊重。商务礼仪包括商务礼节和仪式两方面的内容。

对于现代企业来说,学习商务礼仪知识、普及商务礼仪,已成了提高美誉度、提升核心竞争力的重要手段,有很强的规范性和可操作性,并且和商务组织的经济效益密切相关。

商务礼仪有助于提升个人素养。我们在商业交往中会遇到不同的人,对不同的人如何进行交往这是要讲究艺术的,比如夸奖人也要讲究艺术,不然即使是夸人也会让人感到不舒服。在商务交往中个人代表整体,个人形象代表企业形象,个人的所作所为就是本企业的典型活体广告。

商务活动涉及范围很广,商务礼仪具体细化起来,可以分为介绍礼仪、握手礼仪、待客礼仪、会议礼仪、宴会礼仪、交谈礼仪、礼品礼仪等方面。

一、介绍礼仪

在商务交往中,人们往往需要首先向交往对象具体说明自己的情况,即介绍。介绍一般可分为三种,即介绍自己、介绍他人、介绍集体。自我介绍,绝对不可缺少。自我介绍,就是在必要的社交场合,把自己介绍给其他人,以使对方认识自己。恰当的自我介绍,不但能增进他人对自己的了解,而且还能创造出意料之外的商机。进行自我介绍,应注意三点:其一,先递名片;其二,时间简短;其三,内容完整。一般而论,正式的自我介绍中,单位、部门、职务、姓名缺一不可。介绍他人时,最重要的礼仪问题是先后顺序。标准做法为:介绍双方时,先卑后尊。介绍集体,一般是指被介绍一方或双方不止一人。它实际上是一种特殊的介绍他人的情况。鉴于此,替别人做介绍时的基本规则是可以使用的,其基本规则是:介绍双方时,先卑后尊;而在介绍其中各自一方时,则应当自尊而卑。

二、握手礼仪

握手是见面时最常见的礼节。因为不懂握手的规则而遭遇尴尬的场面,是谁也不愿意遇到的。行握手礼是一个并不复杂却十分微妙的问题。与人握手时应面含笑意,注视对方双眼。神态要专注、热情、友好而又自然。问候语,也是必不可少的。向他人行握手礼时应起身站立,以示对对方的尊重。握手时双方彼此之间的最佳距离为 1 米左右。距离过大,显得像是一方冷落另一方;距离过小,手臂难以伸直,也不太雅观。双方将要相握的手各向侧下方伸出,伸直相握后形成一个直角。与人握手不可以不用力,否则会使对方感到缺乏热忱与朝气;同样不可以拼命用力,否则会有示威、挑衅的意味。握手的时间不宜过短,也不宜过长,握手的全部时间应在 3 秒钟内。时间过短,会显得敷衍;时间过久,尤其是和异性握手,则可能会被怀疑为占便宜。

握手时伸手的先后次序,在正式场合主要取决于职位、身份,在社交、休闲场合则主要取决于年纪、性别、婚否。职位、身份高者与职位、身份低者握手,应由职位、身份高者首先伸出手来。女士与男士握手,应由女士首先伸出手来。已婚者与未婚者握手,应由已婚者首先伸出手来。年长者与年幼者握手,应由年长者首先伸出手来。长辈与晚辈握手,应由长辈首先伸出手来。社交场合的先至者与后来者握手,应由先至者首先伸出手来。主人待客时应先伸出手来,与到访的客人相握。客人告辞时,应首先伸出手来与主人相握。

三、待客礼仪

迎送客人要做到来有迎声、问有答声、去有送声。来有迎声,就是要主动热情而友善地与客人打招呼,主动、热情而友善地向对方问候致意。当公司员工在自己的工作岗位上接待来宾时,或者面对外来客人时,都要具有强烈的主人翁意识,主动向交往对象打招呼,或者问候对方。来而不问是非常失礼的。问有答声是指当我们在自己工作岗位上当班执勤时,面对客人要有问必答,不厌其烦。不提倡在正式场合以及非正式场合主动与客人谈论那些与自己工作业务不相关的事情,但是当客人向自己提出问题时,应该有问必答。有问必答是一种耐心,是一种教养,也是一种风度。问有答声是文明待客的一种基本表现。去有送声是文明待客时的最后一个环节,做到善始善终。当客人离去时,不论对方有没有主动与你道别,不论双方洽谈是否成功,本着有始有终的考虑,当客人离去时,特别是在场的公司员工都要主动向对方道别、致意。忽视这一个环节,来有迎声、问有答声的种种规范化表现都会功亏一篑。

四、会议礼仪

商务交往中经常会举行一些重要的会议,举行会议时的位次排列就是摆在人们面前不可回避的一个细节。在商务交往中,会议通常可以分为两种,即大型会议与小型会议。举行小型会议时位次排列需要注意以下三点:第一,讲究面门为上,面对房间正门的位置一般被视为上座。第二,商务礼仪的基本要求以右为上,坐在右侧的人为地位高者。在国内的政务交往中采用我国传统做法,以左为尊,而国际惯例则以右为尊,商务礼仪遵守的是国际惯例。第三,小型会议通常只考虑主席之位,但同时也强调自由择座,例如主席也可以不坐在右侧,或者面门而坐,也可以坐在前排中央的位置,强调居中为上。大型会议应考虑主席台、主持人、发言人位次。主席台之位次排列:第一,前排高于后排;第二,中央高于两侧;第三,右侧高于左侧(政务会议则为左侧高于右侧)。主持人之位,可在前排正中,亦可居于前排最右侧。发言席一般可设于主席台正前方,或者其右前方。

五、宴会礼仪

在正式的商务宴请中,位次的排列往往比菜肴的选择更引人瞩目。宴会的位次排列涉及两个问题:其一,桌次,不同餐桌数目的安排;其二,位次,每张餐桌具体的上下尊卑位次。桌次在正式宴会上,进餐者往往不止一桌。当出现两张以上的餐桌时,就出现了桌次排列问题。桌次排列的基本要求有三:第一,居中为上;第二,以右为上;第三,以远为上,即离房间正门越远,位置越高。

六、交谈礼仪

在商务交往中,人与人进行交谈时,要讲普通话,不讲方言土语,意在尊重对方;声音低,速度慢,以便对方能够理解和听懂;神态专注,要养成说话时运用眼神与对方交流的习惯,即目视对方;与谈话对象互动,谈话时要注意在方法、表情、语言、内容等方面与交谈对象进行必要的互动。

选择谈话的内容,有"六不谈":不得非议党和政府,不可涉及国家秘密与行业秘密,不得非议交往对象的内部事物,不得背后议论领导、同事与同行,不得涉及格调不高之事,不得涉及个人隐私之事。

本着沟通的原则,要选择一些适合谈论的话题,比如拟谈的话题,双方约定要谈论的话题,或者应和对方谈论的话题。例如双方约定今天谈论办公用品采购的问题,就不要谈论其他话题。此外,可以选择一些格调高雅、轻松愉快、时尚流行或者对方擅长的话题展开。哲学、文学、历史、电影、电视、旅游、休闲、烹饪、小吃、某某明星的演唱会、热播的电视剧等可以列入话题范围。

七、礼品礼仪

在商务活动中,礼尚往来是增进交流、深入沟通的一种途径。不过在赠送礼品和收受礼品活动中也需要注意诸多细节。

赠送礼品应考虑赠送礼品的时间、赠送礼品的地点、赠送礼品的具体方式。赠送礼品,时间上应兼顾两点。其一是具体时机。一般而论,赠送礼品的最佳时机是节假日、对方重要的纪念日等。其二是具体时间。一般而言,当我们作为客人拜访他人时,最好在双方见面之初向对方送上礼品,而当我们作为主人接待来访者之时,则应该在客人离去的前夜或者举行告别宴会上把礼品赠送给对方。赠送礼品的具体方式应注意三点:应加以包装,正式场合赠送他人的礼品最好加以包装,包装意味着重视。应适当说明,当把所选择的礼品在正式商务交往中赠送于人时,要进行必要的说明,比如要说明礼品的含义、具体用途及与众不同之处,以使交往对象加深对礼品的印象,同时接受礼品赠送者的善意。应由在场地位最高者出面,赠送礼品时,如果条件允许,应该由本单位、本部门在场之人中身份地位最高者亲自出面。让身份较低者去赠送礼品,难免会失敬于对方,使对方有不对等、不被重视的感觉。

接受别人礼品,也有一定的讲究。如果准备接受别人礼品,就没有必要再三推辞,心口不一。如果再三推辞,心口不一,反而让对方觉得自己不诚恳,给对方留下不好的印象。接受礼品时如果条件允许,应该当面拆启礼品的包装。接受境外客人赠送的礼品时,尤其需要注意这一点。在外国人看来,礼品如果带有包装而自己不打开看,就等于怠慢对方,不重视对方所赠送的礼品。看一看后,要适当地加以欣赏,否则别人的热情就会有被冷漠拒绝之嫌。接受礼品时,口中要道谢。接受贵重的礼品后,还需要打电话、发

E-mail或者写信专程向对方道谢。

 练一练

请判断以下礼品赠送的方式是否符合商务礼仪规范。

一写字间内,三五人就座办公。一男宾带烟酒入内:"我找王哥。"然后对某男士说:"王哥,这是我一点小意思。"其他人狐疑。

第二节　推销艺术

 任务

1. 学习推销的基本概念。
2. 学会开展推销活动。

 读一读

案例1:

暑假的时候,一个叫张浩的中国旅客去了趟欧洲,途经威尼斯时和几个同胞一起去逛市场。临行前,一位当地华侨告诉张浩,威尼斯商人很会做生意,买东西时不要被他们的甜言蜜语迷惑。

张浩想他是一"老外",就算威尼斯商人有把死人说活的本事,又能把我怎么样?反正我又不懂意大利语,于是就放心大胆地出发了。

早就听说威尼斯的玻璃制品非常有名,一到市场张浩他们就找玻璃制品。很快发现一个专卖玻璃花瓶的摊子,凑上前去看,一个个色彩斑斓、晶莹剔透,果然非同寻常。

"你好!"摊主一开口把他们吓了一跳,他说的居然是汉语!这位摊主操着不太熟练的汉语,滔滔不绝地介绍起他的花瓶来。

看张浩一行有点动心,他同时拿出两个花瓶,神秘兮兮地指着其中一个说:"折(这)个,是真地(的),把踏(它)松(送)给妈妈!"接着又指着另一个花瓶说:"折(这)个,是加(假)地(的),把踏(它)松(送)给张母娘(丈母娘)!"

这个威尼斯商人寥寥数语就道破了中国国情。这时,在场的同胞无不捧腹大笑,然后心领神会地挑选起送给母亲与丈母娘的"礼物"……

很明显,这个威尼斯商人是一名成功的推销员,我们可以看到他完全是根据顾客的特征来推销,他了解顾客生活的环境、文化背景、心理特征,做到了对症下药,从而很好地赢得了顾客。从某种意义上说，推销是一种表演。但这并不是说我们可以随意表演，尤其是不能高估自己的表演才能。

案例2：

有四个营销员接受任务，到庙里找和尚推销梳子。第一个营销员空手而回，说到了庙里，和尚说没头发不需要梳子，所以一把都没销掉。第二个营销员回来了，销了十多把。他介绍经验说，我告诉和尚，头皮要经常梳梳，不仅止痒，头不痒也要梳，可以活络血脉，有益健康。念经念累了，梳梳头，头脑清醒。这样就销掉一部分梳子。第三个营销员回来，销了百十把。他说，我到庙里去，跟老和尚讲，您看这些香客多虔诚呀，在那里烧香磕头，磕了几个头起来头发就乱了，香灰也落在他们头上。您在每个庙堂的前面放一些梳子，他们磕完头烧完香可以梳梳头，会感到这个庙关心香客，下次还会再来。这一来就销掉百十把。第四个营销员说他销掉好几千把，而且还有订货。他说，我到庙里跟老和尚说，庙里经常接受人家的捐赠，得有回报给人家，买梳子送给他们是最便宜的礼品。您在梳子上写上庙的名字，再写上三个字"积善梳"，说可以保佑对方，这样可以作为礼品储备在那里，谁来了就送，保证庙里香火更旺。这一下就销掉好几千把。其实市场是可以创造的。老是想着"和尚要什么梳子呀"，工作就没法做了。

议一议

1. 威尼斯商人推销成功的基点是什么？
2. 向和尚卖梳子给你带来哪些启示？

学一学

从某种意义上讲，每个人都是天生的推销员。从很小的时候起，我们就不断地把自己推销给周围的人，让他们喜欢自己，接纳自己；我们说服别人借给自己某种东西；和别人达成有益于双方的协议……记得美国一位著名的推销员说："推销的98%是对人的理解，2%是对产品知识的掌握。"只有了解自己的推销对象，才能有效地推销产品。

推销是销售人员在一定的销售环境里运用各种销售技术和手段，说服一定的销售对象接受一定的销售客体的活动和过程。看起来挺拗口，其实用大白话说，就是说服对方接受你的东西。语言是一个推销员的得力武器，推销员应该仔细审视一下自己平日的语言习惯。

伴随着社会的进步，科技的发展日益丰富，人们对推销技术的研究也不断深入。通常按照推销手段的指向性把推销方式分为推式推销方式（直接推销方式）、拉式推销方式（间接推销方式）和无形推销方式（互动推销方式）三大类。

推式推销方式（直接推销方式）也称人员推销方式，是一种最主要、最直接、最有效的推销方式,也是最古老、最常见的推销方式,是指工商企业推销人员直接运用谈话方式与顾客接触,以达到推销商品或劳务,满足消费者需求与欲望,实现企业营销目标的一种推销方式。

拉式推销方式(间接推销方式)是指通常所说的非人员推销方式,它是一种不直接进行商品买卖的推销手段,而是通过宣传商品,说服和吸引消费者购买商品的推销方式。主要包括广告推销、包装推销、商标推销、公关推销和营业推广、交流会推销、订货会推销、展览会推销等。

无形推销方式(互动推销方式)主要包括企业形象推销、服务推销和网络推销等。企业形象推销是指社会公众与企业内部公众对企业的整体印象和评价。企业形象是由丰富的内容和多样的形式构成的完整印象,它可以分解为产品形象、职工形象、服务形象和组织风格等。服务推销是指产品在销售前后为满足消费需求而实施的各种服务性推销措施。按时间可分为:售前服务、售中服务、售后服务。网络推销是指企业或推销人员运用网络技术,通过网络平台向顾客传递企业和商品的各种信息,实现企业和顾客的双向互动的现代推销方式。

一、推销基本策略

许多大公司和企业,会设专人接待推销员,所以你首先接近的可能是准顾客的属下,如秘书、助理、事务接待员等。这些人口齿伶俐,待人接物圆滑周到,常借故推托不让推销员见到顾客本人,给推销员设置各种求见障碍。因此,作为推销员要掌握一些基本的推销策略,方便开展推销工作。

1. 以退为进法

"小姐,上午好!烦请通报你们经理,我来看他。"听口气,似乎与要见的上司是故交。给对方造成一种感觉:也许来者与自己的上司关系相当密切;也许两人早已约好,现在来者只是应约造访。没有了怀疑,自然会给你通报,安排会见。若对方精明老练,应声追问:"您好!请问先生,您是……"你不妨对答:"我是××公司的×××,有事要当面请教你们经理。"答话至此,即行打住,不再多言。若对方步步紧逼,继续盘问,你可以进一步说:"这里有一份重要的资料,我想提供给他,可否请您立即安排让我见到你们经理?"尽管对方辗转逼近,你始终面带微笑,敬之以礼,态度恳切温和,回答自信自如。在满足对方的提问、解除对方的疑虑之后,你也就可以顺利地"进"去了。

2. 一鸣惊人法

夹着一只墨绿色大文件袋,推销员小赵大步走进一家水电器材公司的办公室,一进门就说:"贵公司上个月一共失去300名顾客,我这里有份小小的备忘录。"毫无疑问这一番举动足够引起对方的兴趣和注意。小赵可以顺利地展现自己的记录资料,帮助他们分析顾客"逃离"的原因,为下一步推销自己的产品伏下一笔。顾客是谁并不重要,重要的是你要表示你了解他公司的一些事情,比如需要研究和思考的资料,这就是你接近他的最好方式。有的推销员从大街上走进顾客的办公室时,开口就说:"我就住在附近,我想我该来拜访您。"显出熟知的近邻态。

3. 以笑取胜法

推销员小刘走进一家商务楼,径直朝电梯口走去。走进电梯也不知该去哪一层,就随手按下了"9"。来到九楼,按了一间办公室的门铃。"请进。"他面带微笑,大大方方走入办公室。顾客抬头打量了他一下,问:"你找谁?""就找您行吗?"小刘面带真诚地微笑。"找我有什么事?"他没有直接回答顾客的提问,而是说:"当我进门的时候,看到您一脸和气,但我心里非常紧张,不知道您会不会听我的讲话?""没关系,你讲。""请问先生,为什么许多公司的门外挂着一块谢绝推销的牌子?""唉,每天来我们这里的推销员有很多,影响我们正常的工作。""原来是这么一回事!那请问先生,你们一般在什么时间较空闲?""我们一般在下午3:30有空。""这样吧,我明天下午3:30来行吗?"小刘微笑着等顾客回答。顾客看着小刘,被他的微笑感染了,也微笑着回答:"明天我外出,后天吧。"第三天,小刘再去拜访时,他们微笑着交谈,微笑着办了手续。

4. 声东击西法

都说陌生人拜访会有许多难堪,小张就不信这个邪,武装好自己后,就在街头寻觅他拜访的第一个陌生顾客。傍晚,一家小店里。他看到老板娘是一个年轻的妈妈,生意不多,她正在哄着孩子玩。他思量着该如何接近她,看到了柜台上放着的那部公用电话,他找到了目标,也找到了借口。走过去,放下包,将"大永人寿保险有限公司"几个字对着这位年轻的老板娘,抓起电话,接着是一串号码,良久,没人接,再拨号,还是没有人接,20分钟过去了。"怎么这么久没人接?"老板娘发话了。"是啊,一家人约我来给他的孩子办保险,可是现在还没回来,工作一定很忙……""你是保险公司的?"就这样他们聊开了,聊了很久,电话仍是没有回音。他们聊到了老板娘的孩子是如何的健康、聪明、活泼、可爱……电话仍是没有回音。直到他签完了老板娘孩子的保单,电话还是没人接。

5. 以利诱人法

楼上静悄悄的,各公司门都关着。推销员小王走了一圈,寻找可访对象,这里共有14个办公室,分属5家公司。他举手敲了第一家公司的门,良久,无人开门。他又敲响了右边一家的门,门口挂着兴发贸易公司的牌子。"请进。"一位女士的声音。小王推门而入,道:"抱歉,请问隔壁有人吗?""不知道,隔壁不属于我们公司,他们常出差。""是吗?真不巧。噢,小姐,你们贸易公司做礼品文具生意啊!"他像哥伦布发现新大陆一样,开始浏览该贸易公司四周货架上的样品,顺手指着一本影集问:"这本多少钱?""35元。""批发价多少?"小王像内行一样问。"28元。"小姐见他感兴趣,马上跟过来,热情地介绍。"你这里的价格比外面贵。"小王不容置疑地说,"我刚买过50本,仅20元一本。""贵公司做什么生意?"小姐小心地问。"达仁人寿保险有限公司。""噢,你们公司文具礼品很多吗?""当然。""贵公司多少人?""1000多。""欢迎常来我公司看看。"小姐抓紧时机递上名片。小王双手接过名片,只见抬头上方写着"兴发贸易公司公关经理"。"我公司有1000多名推销员,每人按每月顾客量30名计算,每天需要的文件夹、送人的小礼品很多,特别是最近,我们新推出的《为了明天》寿险,您瞧,"他不失时机地从包里取出厚厚一叠新出来的《为了明天》保单,"有小孩的,有老人的,当然中青年人最多。这位小姐,"他抽出中间一张年龄和这位小姐差不多的,"她年龄和你差不多,保了2万保额。"小姐戒备地退回到自己的座位上。小王一看直接推销不行,立即说:"麻烦你,请将这份资料转交给隔壁公司,好吗?""好,这是什么?""这是我们公司的资料。小姐,麻烦你先了解一下,然后向他们解释一下好吗?""好吧!"她无奈地道。小王取出纸笔详细地向小姐介绍了保险的意义及他们的险种。当他讲完时,小姐凝思了几秒钟,然后拎起电话:"老公,达仁人寿保险公司的人在这里,蛮好的,我想买两份,好吗?"当然,临走时小王也没忘了请她给隔壁送一份资料去。

二、促使推销成交基本策略

成交是推销的关键,是推销活动的最后一个环节。推销质量的高低主要取决于最后的成交结果,经验丰富的推销人员他们不仅善于控制把握推销的各个环节和步骤,而且更善于采取适当的方法促使有效地买卖成交。要掌握五种促使成交的基本方法。

1. 镇定自若,充满信心

许多推销员,甚至是有几年业务经验的推销员,都可能会说:"成交时,我的神经就会非常紧张。"这很正常。一个人如果对自己的成交缺乏信心,他整个的业务活动都要受到影响,因为他时刻都担心对付不了最后的障碍。有人甚至对成交产生一种恐惧感,这种恐惧感通常是由两个原因造成的:一是不懂成交技巧,二是羞于启齿求别人。这说明推销员在心理上还不成熟。老练的推销员在接近成交时,毫不惊恐,始终保持有条不紊的状态,给人的印象是签订合同是他们的家常便饭和必须履行的例行公事,让人放心。在洽谈进入成交阶段时,你的态度对顾客会产生很大影响。如果你高度兴奋、喜形于色,说明你是个新手。如果你成交时心情紧张、举动失常,致使说话词不达意,就会使成交受阻,难以实现。如果你对即将取得的成果流露出忧虑状或迫不及待的心情,顾客就自然会疑心顿起。推销员应平静地把信心传达给可能买主,一定要让顾客觉得这个决定是他自己的主意,而非别人的意思,更不是别人逼着他这样做的,创造出一种愉悦的气氛。

2. 善于捕捉成交信号

成交信号是指顾客在接受推销业务过程中有意无意流露出的购买意向,它可能是一种成交的暗示。在实际业务中顾客为了保证自己所提出的交易条件,往往不愿主动提出成交,但是他的购买意向会有意无意地通过各种方式流露出来,如微笑、漫不经心地看商品资料,下意识地点头,仔细研究商品,请求对商品进行操作示范,提出有关问题,赞成你的意见等。有时顾客的注意力就是一盏指示灯,应特别注意,业务员必须善于捕捉这些稍纵即逝的成交信号,抓住时机及时成交。

3. 抓住成交时机

从理论上说,一个完整的业务过程包括寻找顾客、接近顾客、洽谈、处理异议、成交等不同阶段,但是在实际业务过程中并不是绝对的。这里的成交时机是指目标顾客和推销员在思想上完全达到一致的时机。人们经常认定在某些瞬间买卖双方的思想是可以协调起来的,如果推销员不能在这一特定的瞬间成交,成交的机会将永远消失。但不是说一次买卖中成交的时机只有一次,而是说推销员要时刻注意倾听和观察,抓住任何可能的机会拍板。

4. 锲而不舍力争成交

"天上不会掉下馅饼来。"不费口舌,三两分钟就成交,虽好但实属罕见。如果你想一提成交的建议或请求,顾客就立刻表示接受,这是不切实际的幻想。人们一般不会轻易做出购买决策。成交是一个过程:当时机成熟时,你向顾客提出成交的建议,顾客就会犹豫或提出要求,你设法消除顾客的异议并做出必要的让步,然后再次提议,让步,不断重复,不断深化,一次次地争取直至成功。然而,并不是每朵花蕾都能结出硕果。要正确面对拒绝,在遭拒绝时仍具备那么一丝毫不退缩的精神,这应当是所有推销员争取胜利的必备素质。在顾客说"不"时,仍能坚韧不拔,才会有助于你的工作,你的业务事业才能成功。

5. 保留一定的成交余地

保留一定的成交余地,就是要保留一定的退让余地。任何交易都不是一口定下来的,必须经历一番讨价还价,经过几番周折最后达成"谋求一致"。尤其在买方市场情况下,几乎所有的交易都是在卖方做出适当让步之后拍板成交的。因此,推销员在成交之前,不能信口开河亮出老底。如果把所有的优惠条件都一股脑端给顾客,当顾客要你再做些让步才同意成交时,你就没有退让的余地了。所以,为了减少被动,有效地促成交易,推销员一定要保留适当的退让余地。

三、推销员的四大应变术

在推销过程中,推销员们最怕碰到的情况除了初始的拒绝外,就是当说了老半天,顾客也都了解了,正准备促成时,却面临顾客不想购买的情况。顾客为什么突然变卦,不想购买呢?其中有几个原因是最常碰到的:

1. 我没钱

是真没钱?还是只是借口?如果是前者,表示推销员在事前的接触过程中没有准备好顾客的资料收集工作,导致这样的情形产生。顾客的经济状况是必须在面谈的过程中设法加以了解清楚的。如果是后者,那么推销员在事先如果做好资料收集的工作,此时就可以一一加以举证处理,让准顾客失去借口。

2. 不喜欢

是不喜欢产品?还是不喜欢推销人员的推销方式?若是前者,可以询问准顾客喜欢怎样的产品,与准顾客共同研讨修改,或者重新规划设计产品,直至顾客满意为止。若是后者,表示推销员在推销的过程中有令顾客感受不愉快的地方,此时推销员必须谦虚、诚心地追究出原因,努力加以改正。

3. 家人的反对

是哪一位家人反对(通常会是准顾客的配偶)?为什么反对?这些问题,推销员应该在处理反对问题时就加以注意。最重要的是要确定顾客家中的开销是谁在掌握,如果是准顾客,只要准顾客决定购买就不成问题。但是,若经济大权不掌握在准顾客手中,推销员就得留意了。你首先必须说服准顾客家中那位"财政部长",否则一切都是白搭。

4. 有别的推销人员也在接洽

此时,推销人员必须看情况来做适当的反应,最重要的,要强调你的诚心,并以专业化的服务品质来打动准顾客的心。不管该顾客有多少其他的推销员在跟他接触,你都不可以退缩。记住:"胜利是属于坚持到底的人",只要你够优秀、够专业、够热心、够积极,相信最后的订单一定属于你。

练一练

1. 选择一个周末,到花店批发部分玫瑰花,尝试一下,如何更快更好地将它们推销出去,并赚取最大的经济效益。

2. 下面登门推销的三种说法,你认为哪种最好?为什么?

　A. "夫人,您需要高级豆浆机吗?"

　B. "夫人,我是想问一下您是否愿意购买一台高级豆浆机?"

　C. "请问,您家里有高级豆浆机吗?"

第三节　谈判艺术

任务

1. 了解谈判的基本概念。
2. 学习谈判的语言技巧。

读一读

美国观光客来到墨西哥乡村的小店。店里有5罐积了灰尘的美国牌子的青豆罐头。

观光客很爱这种豆罐头,也很久没吃到了。如果价钱好,他不在乎全买下,但是只买一罐也够了,加州的价格是每罐0.4元,他最多愿付到1.1元。

店主需要现金,而且很想把这滞销货卖出去,他从不愿赔本卖,所以罐头若低于0.5元,他情愿不卖。他深信迟早这5个罐头会卖掉,价钱在0.5元~1.25元之间。

什么成交价会使得双方得到一样的满意度?价钱为多少时,双方会得到一样的边际满意度?无论从钱的价值还是青豆罐头的吸引力来看,双方都无共同的满意度可言。只知道在0.5元—1.1元之间成交,双方都会比"不成交"满意。

现在双方都在考虑是否在0.75元上成交,店主可得0.25元利润,观光客比1.1元省了0.35元,这是否是最好的交易?店主若聪明,可提议卖3罐2.25元,店主赚0.75元,观光客仍然平均成本每罐0.75元,改进了店主利润,观光客无任何损失,观光客可还价,提议5罐都买,价钱2.75元,观光客平均价降至0.55元,店主仍然保持0.25元利润。

如果店主拒绝了第二方案,店主可试着用1.4元卖2罐,店主利润提升至0.4元,观光客成本降至平均每罐0.7元,如果双方同意5罐价钱3.15元,店主赚0.65元,观光客平均价是0.63元。任何变动都会损及对方的利益,店主看到观光客进来时可能期望的是每罐1.5元,观光客打开罐头时,可能发现全是坏的。

议一议

假如你是店主,你将如何与美国观光客开展谈判。

学一学

美国总统约翰·F·肯尼迪曾经说过:"我们决不因害怕而谈判,但我们也决不害怕谈判。"美国著名谈判专家荷伯·科恩说过:"现实世界是一张巨大的谈判桌,每个人都有可能成为谈判者。"谈判是双方或两方以上的个人或组织,为了消除意见分歧,改变彼此关系,谋求共同利益或契合利益而进行的交换看法、磋商协议的交往活动。

就谈判参与主体的不同、谈判目的不同等因素,谈判种类繁多。不过,就谈判的基本内容来说,谈判可以分为日常谈判、商业谈判、政治谈判三大类。

谈判一般分为四个阶段:宣布立场、维护立场、让步或不让步、妥协或破裂。前两个阶段的语言一般都是坦率明白的,尤其是宣布立场,决不可含糊,不可模棱两可。但是,在非关键的问题上,在具体表述时,语言又要柔和、委婉一些。比如在原则问题上,可以明确表态:"贵方谈的条件我们不能接受,希望贵方再认真考虑一下我们的条件,就我方提的方案进行具体磋商。贵方如果基本上同意我们的条件,我们很高兴就细节问题逐一研究。"

不同类型的谈判需要不同的谈判技巧。在商务谈判中,每一个谈判实例表现出一定的特征。它可以是正式的或非正式的、长期的或仅仅是一锤子的买卖,这取决于什么人为什么谈判。谈判当事人,例如雇员、股东、工会、资方、供应商、客户以及政府,都有着不同的利益和各自的观点。无论当事人属于哪一个团体,都必须通过谈判消除分歧。例如,股东和董事会就公司经营方针进行谈判,工会和工厂老板就薪水和工作条件谈判,政府和会计师就税收进行谈判。

谈判是智慧的交锋,更是语言技巧的对决。因此,要学习掌握一些基本的谈判语言技巧,才能在谈判中稳操胜券。

一、探测虚实的语言技巧

探测对方的虚实、底细,离不开语言艺术。因为谈判中的探测不可能借用什么"仪器",而只能靠机敏的、有弹性的语言,而且还要用得巧妙。探测的办法也很多,一种是条件探测,即给予两个以上的条件,探测对方对其中的哪一个有兴趣。比如某公司与某汽车制造厂为购置某型号重型汽车所进行的谈判:

某矿山的一个公司,为购置紧俏的重型汽车,向生产厂家提出:"假如我方购买 10 辆汽车,其中 6 辆车制造所用的钢材原料,由我方按国家规定价格拨给贵厂,折合后的剩余金额用于购买其余 4 辆车,不足的金额于本月底电汇贵厂,贵厂如何考虑? 能不能马上供货? 或者若能供给 10 辆车,我们再买贵方一部分仓库积压的备件,怎么样?"

这里所提出的假设条件,并非在各种情况下都适用。但是,用户此时的目的很明确,即急需购置 10 辆重型汽车。这时,只要生产厂家急需钢材,或者急于减少库存备件的积压,增加周转资金,答应客户两个条件中的任何一个,双方就能达成谈判协议。

另一种是事实探测,即提出一个有待证实的事实,让对方回答"是"或者"不是"。比如:

日本松下电器公司创始人松下先生在初次交易谈判中,碰到这么一件事:他上东京找批发商谈判,意欲推销他的产品。批发商和蔼可亲地说:"我们是第一次打交道吧? 以前我好像没有见过您。"

这是明显的探测语,批发商想要知道面前的对手是生意老手还是新手。

还有一种是假定探测,即用话放出一个"空气球",看看对方如何回答。

二、迎合心理的语言技巧

谈判本身始终是一场"心理战"。了解对方的喜好和顾虑,在有利于自己利益的前提下,迎合对方的心理,这也是谈判语言的要求之一,是谈判语言艺术性的显示。对方的心理是复杂的。比如怕不守信用,怕价格继续上涨,怕质量没有保证,怕维修困难……了解这些,用语言来消除这些心理障碍,是促成谈判成功的关键因素。这就是所谓话要谈在点子上,钢要用在刀刃上。比如:

在某汽车制造厂召开的年度订货会上,汽车制造厂的销售科长向 100 多个用户代表明确地表示:"我厂产品的质量经国家鉴定为一级品,由于钢材原材料涨价和职工工资上涨等因素,成本已大大高于原销售价格。但是,考虑到顾客是老用户,我们决定:凡在本订货会期间签订订货合同的,每辆汽车按 27 万元计价,在此会后订货者,每辆汽车的价格为 28 万元。我代表厂方,言而有信。"这时,在我国价格体制改革和各类商品价格多有调整的形势下,这个普普通通的发言显得极富诱惑力。于是,这次年度订货会的成交额达到了创纪录的水平,其中仅某矿山一家便签订了每年订货十辆,连续三年的保值合同。

上面这段话就是迎合了购买者的下述心理:商品价格频频上涨,早买比晚买好,多买比少买好,签订货合同比不签订货合同好,何况已有"优惠""保值"等诱人的内容,所以谈判成功很快,数量也多。这是得益于巧妙的迎合语言。

买主有迎合的心理,卖主也有可迎合的心理。有这样一桩买卖谈判:

早八点,个体摊贩刚把货摆开,一个中年男子说要买一件皮夹克,价格从 280 元谈到了 240 元,而买主只愿出 200 元。卖主说:"我把进货单给你看,进价就是 200 元。我起早贪黑还要白赔饭钱了。"买主仍不让步,他一边装着要走,一边说:"做生意图个开门大吉,我是今天第一个顾客吧?一桩成百桩成嘛!"卖主立即转为笑脸:"好,卖您一件,图个开门大吉吧!"像这样日常谈判类型的例子还有许多。比如对一个信"兆头"的卖主,如果他坚持要 100 元你可以还成 88 元,并说,这个价好,"八八,发发嘛",也许就能谈成。

三、声东击西的语言技巧

"声东击西",又叫"假象蒙蔽",即古人说的"明修栈道,暗度陈仓"。声东击西技巧在谈判中的具体运用有以下形式。

一是心里忖想买到此物,却故意在彼物上表示很大兴趣,引起对方的重视,然后转到谈真正需要的事物上,对方就会失去警觉,不会故意提高条件。

二是在两家为某一个项目同你谈判时,你先同不想成交的那一家装出认真谈的样子,使另一家坐立不安,产生焦急情绪,然后再转过头来同这家谈,话就好说多了,谈判也较顺利。

比如:

甲:我们单位让我采购五千斤水果。这不是一个小数目。

乙:我们非常欢迎您买我们的水果,苹果、鸭梨质量都很好。

甲:鸭梨的价钱太贵了。

乙:批发价五斤以上每斤一元。不算贵了。

甲:鸭梨我不太想要。苹果按一元二角一斤,怎么样?

乙:差价太大。您出一块四角吧?

甲:不行。那我就只好找别家了。

乙:您先别走,苹果价实在降不了。要不鸭梨按八角一斤批给您行了吧?

甲:如果是七毛五分,我们单位倒可以要五千斤。说实话,单位领导还不一定同意呢?

乙:那好吧!就七毛五!

甲实际是奔买鸭梨来的。先抛出一个有五千斤生意的大数目,以吸引对方的注意;然后故意说不想买梨,集中谈苹果;在有意让苹果谈不拢后,最后回过头来看鸭梨,对方就不得不降价了。这就是谈判中声东击西法的具体运用。

四、虚张声势的语言技巧

谈判中对对方要及早探清虚实,摸清底细,掌握实际情况,而对自己的实情(如货并不多,想急于出售或买进等)则又不让对方掌握,目的都是为了一个:在谈判中说话主动,有利于得到更多的好处。这种虚张声势,表现形式有:

（1）抛出某竞争信息，突然改变态度。如有关外商投资五千万美元建立一座化肥厂的谈判，外商以为靠磨、缠等能弄个最好价钱，使谈判曾陷入僵局。我方代表突然说："有许多厂家在联系。"这样一来，外商不摸底细，"许多厂家"来竞争，这是他们很害怕的，所以立即改变态度，使谈判得以恢复。

（2）故意询问对方，暗示将另作选择。例如：某家公司与日商进行贸易谈判，各方面都已谈妥，唯有价格日方寸步不让。如何迫使对方让步，我国代表提出了一个问题："请问，贵国生产这种产品的公司有几家？贵公司的产品是否优于×国的同类产品？"按说，我方不至于连对方国家有几家同类厂家都不知道，也不会连对方产品质量在国际上居何地位也不清楚，这种故意发问，无非是暗示你不让步，我可以另找别家，提醒对方，我们是有很大的选择余地的。对方一听，态度就会软下来了。

（3）大幅度让步，使对方以为你做了很大牺牲，实际上你的从高往下落，也是虚张声势。八达岭长城下，有一家私人玉器店，有一对玉镯，开价要12000人民币。一个台湾太太看中了，老拿在手里把玩，问："能降到多少？"伙计说："您开个价吧？"那位太太试探性地说："对半。"小伙计假装很吃惊，说压得太低，我做不了主，进里屋把店主请出来。店主笑着说："您真是好眼力，这对玉镯质量是上乘的。7000怎么样？"台湾太太犹豫了一下，最后以6500元成交了。据了解实情的玉器厂的师傅说，国营商店中的这种玉镯明码价就只标4千元。这家私营店主的大幅度"降价"，实际是虚张声势，使对方觉得买了便宜，心理上获得了满足。如果开价就7000元，很难实售价6500元，即使这样谈成了，对方也不如从12000元降到6500元感到心理上的愉悦。

五、舍小求大的语言技巧

谈判中有一条原则，叫做"统筹计算"。在许多综合性谈判中，议题往往有好几个，具体争论点可能会更多。善于谈判的人不是处处都"以牙还牙"，寸步不让，而是做到让少得多，让小得大。谈判中时刻要有一盘棋的统筹计划，这才是聪明而又高明的谈判家。谈判中有些无关紧要的问题，最好不要争论。请看这么一个例子：

在第二次世界大战结束后不久，美方卡耐基等与英方史密斯等举行了一次会谈。谈判还没有进入正题时，英国一位先生说："'谋事在人，成事在天'这句话出自圣经。"卡耐基纠正说："这个成语不是出自圣经，而是出自莎士比亚的《哈姆雷特》。"结果争得面红耳赤。美方的葛孟在桌下用脚踢了卡耐基一下，说："卡耐基，你弄错了。英国朋友说得对，这个成语出自圣经。"在回去的路上，葛孟说卡耐基因小失大，争一个成语，丢下了谈判的主题，破坏了气氛，这是得不偿失。他又说："真正赢得优势，取得胜利的方法绝不是这种争论，这样的驳论有时能获得优越感，但是却永远得不到好感。"

从根本上说，以上争论的两人，都是凭意气用事，忘了谈判的"统筹"原则和舍小求大的技巧。

六、制造优势的语言技巧

谈判中双方在条件、地位等方面的优势是起决定作用的。但是，谈判是一个动态系统,各项条件是可以变化的。在总体不利的时候,可以采用一些策略来制造自己的优势。当然优势不限于用语言(如制造时间优势即用拖延的办法去掉对方时间的优势,使时间成为自己的优势),但我们这里只谈用语言制造优势的技巧。美国谈判专家赫本曾举过一个生动的例子:

一名被单独囚禁的犯人,刑警已把他的鞋带和皮带取走,免得犯人利用这些东西伤害自己。犯人垂头丧气地踱来踱去,左手提着他的裤子,他瘦了15磅。像这样一个"倒霉"的犯人,他有谈判的权力吗?他有向刑警要香烟的权利吗?显然没有。忽然,他闻到一阵从狱窗外飘进来的香烟香味,透过小小通气狱窗,他看到了走廊上守卫员正在悠闲地抽烟。这犯人渴望有一根香烟,于是他用右手的指节在门上敲了几下,刑警走过来轻蔑地发牢骚道:"你干吗?"犯人说:"你给我一根香烟。"刑警误以为犯人没有权力,所以他嘲弄般地哼了哼鼻子,置之不理,转身就走了。犯人却以不同的态度认知自己的处境,他决心甘愿冒险,以考验他的臆测。于是,他用右手在门上再次敲打,并带有强烈命令的味道。刑警急躁而又愤怒地转过头来问道:"你现在要干什么?"

"在30秒内得到你的香烟。如果得不到,就用头撞水泥墙,直到血肉模糊,昏迷过去为止。等监狱长官前来把我救醒,我会咬定是你干的。虽然他们不完全相信我的话,但是你得想想你要陪我出席全部审讯,你还得准时到调查委员会面前解释作证,你还须填写三份报告和调查表,你再想想你还要跟行政纠缠不休……所有这些,都仅是由于你不肯给我支香烟。香烟就在你的兜里,只一支香烟而已,我不再麻烦你了。"

结果呢?刑警如果不是傻瓜,就必然会给一支香烟,因为犯人在谈判中的一席话,具有极大的威慑力,陈述了不给烟的后果。这样犯人就用语言制造了自己对刑警(在要烟问题上)的绝对优势,使谈判获得成功。这样制造优势的语言技巧,中国古代的渑池会上蔺相如协助赵王同秦王谈判时也使用过(不"击缶"就要以"颈血溅大王"),也获得了成功。当然这两个例子有些特别,类似这样的谈判中,用语言制造优势的技巧是各式各样的。

七、装聋作哑的语言技巧

日本有几个世界上著名的谈判专家,被称为谈判高手。他们谈判成功的诀窍之一就是具有很强的耐心,对许多问题绝不会立即作答。有一次,日本一家航空公司就引进法国飞机的问题与法国的飞机制造厂商进行谈判。为让日方了解产品的性能,法国方面做了大量的准备工作,各种资料一应俱全。谈判一开始,急于求成的法方代表口若悬河,滔滔不绝地进行讲解,翻译忙得满头大汗。日本人埋头做笔记,仔细聆听,一言不发。法方最后问道:"你们觉得怎样?"日本代表有礼貌地回答道:"我们不明白。""不明白?这是什么意思?"法方代表焦急地问道。日方代表仍然以微笑作答:"不明白,一切都不明白。"法方代表看到一切都要前功尽弃、付之东流了,沮丧地说:"那么……你们希望我们怎么办?"日方提出:"你们可以把全部资料再为我们重新解释一遍吗?"法方不得已,又重复了一遍。这样反复几次的结果,日本人把价格压到了最低点。日本人抓住代表急于达成协议的弱点,以"不明白"为借口,施以拖延战术,迫使对方主动把价格压下来。

练一练

1. 中方 A 公司与美方 B 公司就某项条款进行谈判,由于美方 B 公司就该项条款与 A 方始终未达成协议,且始终不愿作出进一步的让步,因此,在进一步的谈判中,A 方人员虽然耐心地重申了己方的有关要求,并希望双方都能在互利互惠的基础上做出进一步的让步,但 B 方人员却含糊其辞,顾左右而言他,一会儿说对 A 方的有关要求还是不够明确,一会儿又借口有急事需要处理,希望谈判能够继续拖延,要么就是将谈判委托给无实际决策权的人员来进行。

你认为 B 方人员的所作所为有何不妥之处?谈判结果将会如何?

2. 假设你是一位顾客,在一家大型商场看中了一件标价 3600 的皮衣,你不知是否货真价实,请你设计一段探听虚实的话来咨询营业员。

第四节 售后服务的口才技巧

任务

1. 了解售后服务的基本内容。
2. 学习售后服务基本用语技巧。
3. 学习处理接待顾客投诉。

读一读

案例:

甲:您好,××公司售后服务部,请问有什么能帮助您?

顾客:你好,我们的打印机出问题了,打出来的文件很模糊,不清楚。

甲:哦,您什么时候买的打印机啊?还在保修期内吗?

顾客:在保修期内,才买了半年,你们不是一年之内都提供上门维修服务吗?

甲:是啊,不过我们的打印机一般是不会出现这种问题的,是不是你们操作不当,或者是温度太高啊?

顾客:没有啊,一直都好好的,今天它突然就变成这样了。

甲:那您就换墨盒吧,应该是墨盒的问题。

顾客:你能确定是墨盒的问题吗?要是我换了墨盒还不能解决问题怎么办?你负

责吗?

甲:这我也说不好了,我又不是搞维修的,也没亲眼见过打印机到底出了什么问题。您还是自己想想办法啊,多试试说不定就好了。

顾客:你为什么不赶紧派人给我维修呀?你们不是承诺售后一年之内提供上门维修服务的吗?

甲:我们的维修人员都出去了,最近很忙!要不您就等等吧,哪天有时间了再去给您修。

顾客:天哪!你们这是什么服务啊?我要投诉你!

(不久之后,电话铃响,客服乙打来了电话。)

乙:您好,我是××公司售后服务部的客服人员×××,刚才听我同事说了您的事情,非常抱歉,现在由我来为您服务,好吗?

顾客:哼,我正准备投诉你们呢,你们那个同事什么服务态度啊!

乙:对不起,非常抱歉,我一定全力解决您的问题,请问您购买打印机多久了?

顾客:才买了半年呀,怎么就坏了呢?

乙:哦,您不用着急,我们会为您提供维修服务的。为了提供派修的准确率,我先问您几个问题,好吗?

顾客:好的,你问吧。

乙:请问您是按照说明书上正确的操作方法使用这台打印机的吗?

顾客:肯定没问题,在这之前我都已经用了好几台了,操作方法当然不会错。

乙:哦,再提醒您一下,墨盒里的墨快用完的时候也可能出现这种情况,您确定不是需要加墨的问题吧?

顾客:不是,才加过没几天。

乙:好的,我明白了。先生,您的打印机还在免费维修期内,我们将为您提供上门维修服务。但是特别抱歉的是,最近因为一个大项目,我们维修部的同事全都出去了,真的非常抱歉!但是我们会在最短的时间内为您维修的。

顾客:怎么这样啊?可是我这边还等着用呢。

乙:真的很不好意思,影响了您的使用,我们现在确实是出现了特殊情况,请您谅解,对不起!

顾客:那具体得多长时间呀?

乙:目前我也说不准,但我可以向您保证,在星期四之前肯定能上门为您维修。

顾客:那好吧,你们快点吧!

乙:好的,谢谢您对我工作的支持。

 议一议

案例中顾客为什么要投诉客服甲,接听了乙的电话后,为什么又放弃了投诉?

学一学

售后服务是指生产企业、经销商把产品（或服务）销售给消费者之后，为消费者提供的一系列服务，包括产品介绍、送货、安装、调试、维修、技术培训、上门服务、咨询等。随着消费者维权意识的提高和消费观念的变化，消费者在选购产品时，不仅注意到产品实体本身，在同类产品的质量和性能相似的情况下，更加重视产品的售后服务。在售后服务工作中，售后服务工作人员不仅需要专业技术知识和专业技能，还需要较好的交际口才与顾客开展沟通与交流。

沟通离不开语言，称呼是开展对话交流的先锋官。正确地称呼顾客，巧用称呼能拉近自己与顾客之间的距离。称呼不当，可能会引起顾客的反感，导致良好的服务态度失效。售后服务人员对顾客的称呼有以下几种类型。

（1）职务性称呼：以顾客的职务相称，以示身份有别、敬意有加，如"王经理""李主任"等。

（2）职称性称呼：对于有职称的顾客，尤其是有高级、中级职称者，需要直接以职称相称，以表敬意，如"张工程师""刘教授"等。

（3）行业性称呼：对于从事某些特定工作的人，可以直呼其职业，如"马老师""刘医生"等。

（4）性别性称呼：当顾客的职务、职称、工作行业信息都不明确或者不符合条件时，可以根据性别称呼顾客。一般把男性称为"先生"，未婚女性称为"小姐"，已婚女性称为"女士"。

（5）年龄性称呼：对于比较熟悉、交往多次的顾客，为以示亲密，可以根据对方的年龄使用一些生活中常用称呼。年龄和自己差不多或者比自己小的，可以直呼其名或者用"老王""小马"等；年龄比自己长的应根据具体情况称呼为"大哥""大嫂""叔叔""爷爷""奶奶"等。只有当双方关系比较熟悉，对方接受，才能使用这类称呼。

售后服务的目的是减少问题、化解疑问、安抚顾客，为公司树立良好形象。因此，售后服务人员在与顾客交流时要注意以下交谈基本原则，使用各种规范用语。

不要用拒绝性的语言。售后服务人员在与顾客的交流沟通过程中，对于顾客提出的某些做不到的要求，要学会运用非拒绝性语言来拒绝顾客，具体地说就是把直接拒绝转化为婉转拒绝、把婉转拒绝转化为建议。不要对顾客说"这样不行的，这是我们的规定""我们不允许"等，而是要从顾客的角度解释为什么不能这样做，比如可以这么说"您说的是不错，但您不妨考虑下……是不是更好"，为顾客提出一些建议，从而避免拒绝顾客的尴尬。

正确地回应顾客谈话，澄清疑问。交流是双向的，售后服务人员可在不打断顾客说话的原则下，适时表达自己的观点。给顾客一些积极的回应，使顾客更为有效地表达，售后服务人员也能获得更多、更有效的信息,使沟通更畅通和谐。尽量不要使用"是的""对""啊"等机械回复,也不要局限于口头交流,积极的面部表情、肢体动作都可以向顾客传达"很好,接着讲"的意思,激励顾客在轻松友好的环境中表达内容。

售后服务人员在与顾客交流的过程中会产生很多疑问,应把这些疑问记录下来,等顾客说完相关内容,再逐一向顾客询问,不要未等顾客说完,就急着询问,中断顾客的思路。对于顾客对产品或服务产生的误解,也需等顾客说完再做解释。

围绕核心主题,有效地发问。发问是沟通的一个基本途径,是售后服务过程中一个重要的内容,通过发问,引导顾客回答,售后服务人员可以尽快了解顾客的需求。可以采用针对式、澄清式、选择式、征询式、启发式等发问方式,要注意问题的导向性,通过发问引导顾客,一步步解决问题。发问过程中,要围绕主题,不要苛求和"审问"顾客。

一、售后上门服务用语

售后上门服务时应轻轻有节奏地敲门。用户开门后,应点头示意主动自我介绍并出示证件:"您好,我是××公司的安装(维修)人员。"说明来意,经用户允许后,方可入户。

若要移动工作场地附近摆入的东西时,应说:"对不起,可以移动一下××吗?"

在服务过程中,如果确需借用户某样东西(或工具),应说:"实在对不起,因××原因,可借用一下您的××吗?"

在服务过程中,如果给用户带来诸多不便,应说"对不起""很抱歉"等致歉语言。

在服务过程中,对用户的礼貌友好行为如送茶、递烟等,应说:"谢谢,我们不喝(不抽),这是我们的规定。"安装及维修结束后应仔细向用户讲解使用和保养常识,并征求用户意见:"您还有不明白的地方或有什么需求吗?""今后如有什么需要,可随时打电话××××××询问。谢谢。"

安装维修任务完成后,应将工作场地清理干净,将所移动的家具归还原位。同时要给用户表示歉意。

安装维修完毕后,请用户在"安装确认凭证"或"维修记录凭证"上签字时应说:"如您对我们的安装(维修)服务没有意见,请您在凭证上签字,谢谢。"出门时说"再见"。

二、售后电话回访话语示例

(1)"×××先生/女士,您好!我是××4S店客服中心的××,很冒昧打扰您,您现在方便接听电话吗?"如果客户认为不便,致歉后询问方便的时间再联系,挂线。

(2)"首先对您购买我们××品牌汽车表示由衷的感谢,您的车是否已经上牌?"此问题要核对销售客户信息后再问,如果是没有领取合格证、没有开具发票的客户不宜提问此项。

(3)"提醒为了更好地爱护您的车辆,在一到两个月内、3000千米左右,车辆应该要做首保,首保是免费的,请您在进站的时候带着您的保养手册,我们的服务顾问和维修技师会为您的车做一次全面的检查。"

(4)"您对我们销售顾问的接待服务是否满意?"

（5）"您对我们的服务有什么意见或者建议吗？""谢谢您的宝贵意见，感谢您对我们工作的支持，再见。"等待客户挂电话后，再挂电话。

（6）如果客户不满，应先代表公司表示歉意，对客户表示理解，首先要给客户被认可、受重视的感觉。再邀请客户有空的时候进站为其进一步解决问题。详细记录客户的抱怨、意见、建议并及时反馈给相关的各个部门，根据各部门的处理意见进一步进行客户跟踪。接、打电话的时候切忌对客户给出无法确定的许诺，要注意说话的方式，要给事情的后续处理留出可以回转的余地。

作为一种重要的回访形式，电话回访具有省时、省力、方便、快捷等特点。如果电话营销员每周给客户打电话进行回访，将会得到很多意想不到的信息。

三、接受顾客投诉的口才

尊重顾客的抱怨。作为售后服务人员，会经常遇到顾客的抱怨。面对顾客的抱怨，售后服务人员首先要尊重顾客的抱怨，理解顾客抱怨表明公司的产品或服务与顾客期望值之间存在差距。要保证自己的情绪不受顾客影响，耐心安抚顾客。面对抱怨，要先表示同意顾客的观点，承认己方做得不够好，向顾客表达歉意，缓和顾客的态度。站在顾客的角度，对顾客表示理解，避免自己话语的虚情假意。然后再表示感谢，顾客的抱怨能促进公司的进步，同时表达感谢也表明公司有责任感，能赢得顾客的好感，化解顾客的抱怨。通过认真倾听，记录问题，提出解决问题的方案，寻找问题解决之道。

处理顾客投诉。顾客投诉是售后服务人员经常遇到的事情，当产品或服务与顾客的期望值之间存在差距时，顾客会不满意，一部分人就会向公司投诉，期望得到解决。投诉是推动公司发展的一剂良药。

处理顾客投诉不当，会影响公司和顾客之间的关系，甚至会影响公司的形象，所以售后服务人员要掌握处理顾客投诉的口才技巧。

面对顾客的投诉，要遵照倾听问题、及时道歉、仔细询问、表示同情、记录问题、解决问题、礼貌结束等环节来进行处理。倾听顾客的投诉，能够部分消除顾客的不满情绪，代表自己的同事向顾客道歉、表示同情，可以部分平息顾客的怒气，树立公司的好形象。顾客投诉事件一般比较复杂，售后服务人员要仔细询问顾客问题的要点，记录下来，作为开展内部调查的线索依据，并根据问题的严重程度，提出合理的解决方案。在顾客面前多说好话，劝导顾客接受自己的解决方案。在把顾客的投诉处理完毕后，还要问"请问您觉得这样处理可以吗"或者"还有别的什么事情能帮助您吗"等，如果没有了，就感谢对方的投诉，礼貌结束谈话。

解答顾客的问题，反复道歉。在售后服务接待中，面对顾客的抱怨、投诉等，道歉是化解顾客不满、处理顾客抱怨、给予顾客补偿的有效手段。面对顾客的投诉，售后服务人员不要被顾客的情绪、态度和语言扰乱了头绪，自乱阵脚，要以真诚的态度向顾客表达歉意。

第七章 商务口才

 练一练

　　一位顾客购买的笔记本电脑出现不能正常关机的现象,电脑还处在保修期内,顾客投诉到售后服务部。作为售后服务人员,你如何接待这位顾客?

第八章 演讲基础

第一节 了解演讲的步骤

任务

学习演讲的基本知识。

读一读

案例1：

尊敬的瑞典学院各位院士，女士们、先生们：

通过电视或者网络，我想在座的各位，对遥远的高密东北乡，已经有了或多或少的了解，你们也许看到了我的九十岁的老父亲，看到了我的哥哥姐姐、我的妻子女儿和我的一岁零四个月的外孙女。但有一个我此刻最想念的人，我的母亲，你们永远无法看到了。我获奖后，很多人分享了我的光荣，但我的母亲却无法分享了。

我母亲生于1922年，卒于1994年，她的骨灰，埋葬在村庄东边的桃园里。去年，一条铁路要从那儿穿过，我们不得不将她的坟墓迁移到距离村子更远的地方。揭开坟墓后，我们看到，棺木已经腐朽，母亲的骨殖，已经与泥土混为一体。我们只好象征性地挖起一些泥土，移到新的墓穴里，也就是从那一时刻起，我感到，我的母亲是大地的一部分，我站在大地上的诉说，就是对母亲的诉说。

……

我是一个讲故事的人。

因为讲故事我获得了诺贝尔文学奖。

我获奖后发生了很多精彩的故事,这些故事,让我坚信真理和正义是存在的。

今后的岁月里,我将继续讲我的故事。

谢谢大家!

(莫言,2012 诺贝尔文学奖获得者,作家,获奖演讲词节选)

案例 2:

谢谢,非常感谢,副总统拜登、首席大法官、美国国会议员,各位尊敬的来宾以及各位国民。每次在总统就职仪式上,我们都见证了我们宪法持久的力量。我们重新讲出对宪法的承诺,无论我们种族背景如何、我们信仰怎样,我们都是美国大家庭的一员。

在两个多世纪之前,我们就已经做出相关的承诺,所有的人生来平等,他们生来就富有别人无法剥夺的权利,他们有自由,也有追寻幸福的权利。今天我们将会继续这样的一个旅程,把这些词语的意义带入现实。历史告诉我们,也许事实非常的明显,但是事实不会无中生有,我们必须是脚踏实地的。我们的爱国者并不是那些有着任何特权的人所争取来的,他们给我们这样的合众国,给我们一个大家共同作决定的政府,他们相信每一代人都建立在我们祖辈所建立的国家基础之上。200 多年来,通过流血、战争,我们这样的国家建立在争取人们自由原则基础上,我们实现了重生,而且准备好向前进。

现代的民主国家需要我们建立强大的基础设施,建立强大的学校,培训我们的工人。自由的市场,必须保证公平的竞争才能够得以繁荣发展。作为一个整体,我们的国家必须保护弱者,保护我们的国民免受灾难。我们从没有像现在这样凝聚我们的力量,我们也不会屈服于任何挑战,政府不可能单独完成这样的任务,我们要依赖我们的企业、依赖我们勤奋的人民,这是我们性格的根源。

(奥巴马,美国总统,奥巴马发表第二次就职演说节选)

议一议

说说案例 1、2 的演讲词的不同之处。

学一学

1977 年美国的大卫·沃伦斯基对街头的 3000 位人员进行调查,列出"人类最害怕的事",其中当众演讲列在首位。马克·吐温以演讲为主要收入来源,而不是写作。他曾说:"世界上有两种演讲家:心存畏惧的人和骗子。"猫王埃尔维斯·普莱斯利说:"我从未战胜过所谓的临场恐惧,每次表演时,我都要经历一次恐惧心理。"类似的案例还有很多很多,这么出名、这么专业的人都会紧张,所以一般人会紧张也是正常的。

一次完整的演讲是一项系统工程项目,有演讲前、演讲中和演讲后的各种工作,分析起来有诸多环节,可以细分为 9 个步骤。

1. 收集资料和信息阶段

在演讲前完全有必要收集听众的信息和相关的资料,如参加人的单位、职务、职位、学历、年龄、性别、场地大小、参加人数的多少、演讲中所要使用的设备等信息,当然更重要的是听众对演讲的期望。

2. 分析听众阶段

演讲面对的是听众,要取得良好的演讲效果,就要认真分析获取的听众信息,因为这些信息对设定演讲目标以及确定你的演讲方式、方法有非常大的影响。例如:如果参加人员的学历比较高就应该讲一些更有深度的东西,如果参加人员的年龄比较小就不要总是用很久以前的案例来跟他们沟通,如果参加的人数很多可能就要调整做练习的方式,等等。

3. 设定演讲目标阶段

通过对听众及相关信息,特别是听众对演讲的需求及期望进行分析,设定演讲的目标,这样的目标最具有针对性。如果不设定目标,将无法明确要讲的主题及内容,因为主题、内容、演讲时间的长短等均与目标有着紧密的联系。

4. 确定演讲的架构和内容阶段

前面的三个步骤均是为此步骤做准备的,只有分析了听众、设定了目标,接下来才能确定演讲的架构和内容。确定架构和内容,就确定了主题、内容及结论。

5. 写作演讲稿阶段

写作演讲稿是对演讲基本内容的确立,将演讲思想和内容凝固深化,通过落纸为字,将口语转化为书面语,加以修饰完善,是对演讲主题的提升。同时,演讲稿完成之后,能够帮助演讲者进一步熟悉演讲,同时可以作为手稿,带到场上,以备不时之需。

6. 制作视觉辅助阶段

目前演讲中使用最多的视觉辅助就是PPT和视频。视觉辅助是演讲中重要的工具,能帮助演讲者将许多内容呈现给听众,帮助听众加深对演讲内容的把握和理解。

7. 准备问答内容阶段

专业演讲包含着互动环节,基本形式就是问答。在演讲前尽可能多地考虑听众可能提出的问题,并确定将要提供的解决方案,做到精心准备,降低在问答环节出现问题的概率。

8. 预演阶段

为保证演讲效果,需要在正式演讲开始前做几次预演,可以找几位听众帮您提问题,您可以对着镜子讲,您还可以对着镜头讲,讲完之后再拿来认真分析,找出存在的问题,以便于更好地改进,以确保演讲能够取得较好的成果。

9. 正式演讲

第八章 演讲基础

 练一练

阅读最新一期的《演讲与口才》杂志,自选一个话题,拟写一份演讲提纲。

第二节 演讲的种类

 任务

1. 了解演讲的基本种类。
2. 学会基本的演讲种类。

 读一读

案例:

友谊地久天长
——在毕业10周年欢聚宴会上的讲话

张玲波

各位亲爱的同学,各位尊敬的师长:

今天,我们在这里欢聚一堂。这是10年来的第一次大聚会。我提议为我们的再度重逢热烈鼓掌!

10年了,哪一天,我们不在思不在想——那大学生的一幕幕、一桩桩:可记得刚入学时咱们那愣头青的傻样子?到食堂买饭不懂得排队;去水房打水不知道谦让;逛够商场迷了回学校的路;晚自习回来找不到自己的床。30多人睡在两个双层大铺上,周围是一张张陌生的脸庞。那时我们都有一个共同的感觉:四年一定很长很长。

不久,我们熟悉了。没有忘记吧,咱们班曾有几伙可爱的"三人帮"!我们开始热爱自己的班集体,愿为她献策,为她出力,为她争光!正是从那时起,班级成了我们培植友谊的土壤,43颗火热的心在这里跳荡。正是从那时起,班级成了我们播种绿色的天地,43朵花蕾在这里竞放。也正是从那时起,班级成了我们起锚的港湾,我们轻轻荡起智慧的双桨,开始了寻觅人生真谛的远航。于是学校崛起了中文801班,各种先进的奖状挂满教室的墙上。

不会忘记那次歌咏比赛吧?咱们班的《唱支山歌给党听》震惊全场。不料评委笔下有误,0.04分之差使同学们夺冠的希望泡汤。徐峰代表班级上台领取第二名奖,为了表示不服,照相时故意歪着拿奖状。

更难忘那次长跑接力赛,咱班代表队威震群芳。体委旗开得胜,小孟班长当仁不让,大个子张斌甩开长腿,排骨队长宝和猛摔臂膀,王玲、梁运似受惊的小鹿,倜傥的少杰像奔驰的羚羊……那次咱们可是得了个第一,庆功会上我们热泪盈眶。

还记得朱雀山春游吗?咱们的自行车队浩浩荡荡。秀霞刚动过手术不久让张斌驮着,说是"就信他了",结果被颠下车,摔在草垛上。丽霞可能也觉得自己车技不错,哪料想下坡时鼻子却受点小伤。

四年中多少趣事令人难忘。四年中多少场景惹人回想。四年中,多少次我们面红耳赤辩曲直。四年中,多少回我们促膝谈心话衷肠。四年中,我们朝夕相处并肩携手。四年中,我们肝胆相照情深意长。四年的光阴怎么能变得那么短暂?一千四百多个日日夜夜好像只在眼前一晃。

如今,我们毕业整整10年了。10年来大家天各一方,虽然在一起时有时也闹点小别扭,可分手了,彼此又挂肚牵肠。大家都希望能有那样一个机会,全班同学再聚到一起,回首往事,话短情长。今天我们终于相聚了,实现了已久的愿望。

这杯中酒绝非陈年佳酿,更不堪称玉液琼浆。但它融进了我们全体同学的情和意,喝下去,就会感到无比的浓美、芳香。

来,让我们举起酒杯祝愿吧!

祝大家家庭幸福,爱情甜蜜!事业成功,前程辉煌!

祝母校再展宏图,发达兴旺!

祝恩师福寿安康,桃李芬芳!

祝中文801班班魂永驻!

祝我们同学友谊地久天长!

干杯!

议一议

谈谈案例中演讲者的情感基调属于哪一类型演讲。

学一学

演讲,就是在特定的场合,面对听众就某个问题发表自己的意见的一种独白体说话形式,以口语为主,以态势语为辅。根据演讲活动的性质和特点,可以把演讲分成如下类型:

(1)从演讲内容上分,主要有政治演讲、生活演讲、法律演讲、学术演讲、教育演讲、军事演讲、生意演讲、公共关系演讲、宗教演讲和外交演讲等。

(2)从演讲形式上分,有命题演讲、即兴演讲和论辩演讲等。命题演讲——演讲的最低层次,比的是"嘴皮子",是"顺水行舟"。即兴演讲比的是"脑瓜子",是"逆水行舟"。论辩演讲是演讲的最高层次,像是"在大风大浪中行舟"。

（3）从演讲目的上分,有娱乐性演讲、传播性演讲、说服性演讲、鼓动性演讲、传授性演讲等。

（4）从演讲场合上分,有集合演讲、课堂演讲、法庭演讲、教堂演讲、战地演讲、广播演讲和电视演讲等。

（5）从演讲表达方式上分,有叙述式演讲、议论式演讲、说明式演讲、抒情式演讲等。

（6）从演讲的情调上分,有激昂型演讲、深沉型演讲、严谨型演讲、活泼型演讲等。

（7）从演讲的功能上分,有使人知类演讲、使人信类演讲、使人激类演讲、使人动类演讲和使人乐类演讲。

常见的几种演讲:

政治演讲,包括竞选演说、就职演说、述职演说、政治动员、开(闭)幕词、祝酒词等。

学术演讲,包括科研报告、学术讲座等。

社会生活问题演讲,包括演讲赛、巡回报告等。

教学演讲,教师用的有开场白、收束语、介绍作家作品以及进行思想教育;学生用的有读书报告、问题辩论、专题演讲、论文答辩等。

法律演讲,律师常用。

练一练

阅读下面的演讲词,根据上面分类,说说它们可以分属哪一类演讲。

1. 人的命运是不可能被注定的

各位青年朋友:

你们好！能和大家面对面地交流,我感到非常荣幸！今天,希望和各位朋友一同分享我的一段经历,告诉大家一句影响我终生的话——"人的命运是不可能被注定的"！

提起这句话,还得从我15岁讲起。那时我还是半工半读的少年,有一次在茶楼打工,肚子太饿了,客人买单离去后,我趁人不注意偷吃了一个客人剩下的叉烧包。谁知被经理看见,他硬说我偷吃茶楼的食物,我死不承认,经理恼羞成怒给了我一个耳光。当时一阵眩晕,眼泪不受控制地流了下来,我也被开除了。

我一边哭一边走回自己租住的地方,其实那只是两层铁架床的上层,香港称之为"笼屋"。我跟住在隔壁的老伯哭诉,他态度温和地安慰我。我问老伯:"为什么我的命这么苦？12岁爸妈就离婚不要我了,上学受人欺负,打工也被人冤枉,难道我注定要一辈子这么倒霉吗？"

老伯看了我好一会儿,突然笑出了声:"嘿,小鬼头,胡说八道！人的命运是不可能被注定的！要是这样,哪还有什么惊喜,连做百万富翁也没什么意思了。你这个小笨蛋！"

说完他便去上班了。他是个值夜班的保安员,平时总喋喋不休,我向来把他的话当耳旁风,但他这一句"人的命运是不可能被注定的"一下子把我惊醒了。

是的,人的命运是不可能被注定的!回眸过去,我和妻子离婚后,她把女儿留给了我。为了养活女儿,我做过侍应、厨师、调酒师、民歌手、出租车司机……开出租车的时候,没人帮着照看女儿,我只能把她带在车上,有些客人看着心酸,给我不少小费。为了生活,性格刚强的我不得不无奈地收下别人的恩惠。最后,我当了电影特技演员,每天和死神面对面。我拍过200部电影,却没有一部拍过我的正面,打过我的名字。我辛辛苦苦赚取生活费,和女儿艰难度日……

虽然生活如此艰辛,但我从来没有放弃对音乐的热爱和追求。从写下第一首歌——《娃娃在哭了》开始,一路走来,其间有嘲笑、有怀疑、有诋毁,无论路有多难走,我都会坚持下去,坚持用音乐去记录自己的心路历程和人生感悟。若是有人问我为什么要这样做,答案很简单:因为我热爱音乐,因为隔壁老伯的那句"人的命运是不可能被注定的"已经像钉钉子一样钉进了我的心坎!我认为只有这样坚持,才可以一生无悔。由坚持开始,我的执著、信心来了,10年之后,《一场游戏一场梦》面世了。

《一场游戏一场梦》是我的第一张唱片,它也见证了我生命的转折点。记得唱片推出上市的第一天,公司的一位"前辈"讽刺我:"王杰,你的唱腔实在太怪了,你觉得你的新唱片能卖出多少?"他的眼神不太友善,但我还是很诚恳地说:"应该可以卖到30万张吧。"没想到,不到半天,我的回答就被当笑话传遍了整个公司,甚至有人见到我就开始叫我"30万"——在他们眼里,我是想一夜成名想疯了。看着他们的嘲笑,甚至连唱片公司的制作人都不帮我说句话。我只有在心里默念着老伯曾经说过的话,告诉自己:人的命运是不可能被注定的,能否改变命运,就靠这一次了。唱片推出的第7个晚上,我下班坐计程车回家。车窗外不断流逝着美丽的夜景,闪烁的霓虹灯照耀着街上的夜归人,我却无心欣赏,一想到将来,想到自己夸下30万的海口,我的心就一阵阵刺痛。

隐约中,计程车的收音机传出一个悦耳的声音:接下来播放的是本周流行榜的冠军歌曲。一阵悦耳的前奏响起,熟悉的旋律让我的心开始狂跳。主持人继续说:"本周的流行榜冠军歌曲,就是王杰的《一场游戏一场梦》。"那一瞬间,我泪流满面。

第二天,我推开唱片公司的大门,所有人的脸都在看到我的一瞬间挂上了笑容。之后,我听到很多恭喜的话语,我不断向他们说着"谢谢",我不知道,这算不算是一场游戏一场梦。改变命运的时刻已经过去,而我也彻底相信了,人的命运是不可能被注定的!

到现在为止,《一场游戏一场梦》的销量已经超过1800万张了,可能大家不相信,其实,我从没有感觉自己怎么走红过,而后来的感情突变,甚至在官司中家财散尽,一切从头开始,我也没有觉得有多气馁。

在世事动荡中,我对那位老伯的话有了更深的体会,人的命运是不可能被注定的,人来到世上,就是为了体验惊喜与激情,同时,遭遇跌撞和低谷也是难免的。有过不一样体验的人,才是真正幸福的人,就像那位老伯,他只不过是位守夜的,可是谁能想到他心里的快乐与富足呢？所以，尽一切可能改变自己、丰富自己，享受生活中的各种惊喜，这才是我们来到这个世界的真正目的！

最后，我送给大家一句话，这句话就是我演讲的开头告诉大家的——"人的命运是不可能被注定的"！让我们扼住命运的咽喉，做一名生命的强者！愿各位年轻朋友都挺起胸膛，勇敢去追，去追求幸福的生活，去创造辉煌的人生！

谢谢在座的每一位朋友！

(台湾 王杰)

2. 在"中国企业领袖年会"上的演讲

各位朋友：

大家好！去年，我参加领袖年会的时候，就曾预言"冬天就要来了"，在今年金融危机果然到来的这个冬天里，我觉得应该是采取行动，思考我们该做些什么事情的时候了。我们没有必要去思考，这个灾难两年以后会过去还是三年以后会回来。今天中午我在外面吃饭，餐厅的老板问我，你估计(金融危机)明年会过去吗？我说明年下半年就可以。他问明年下半年就可以？我说明年下半年你就可以适应了。优秀的企业家必须学会比别人提前适应这个环境，目前的灾难将在两三年打击每一个人，谁先适应谁就有机会。做企业至少是五年和十年的考虑，两三年的灾难不算什么灾难。

假如说我认为有灾难的话，那么即将到来的灾难，是信心危机、信任危机。在旧的商业体系被破坏，而新的商业体系没有建成的空隙中，很多问题会爆发出来。在救灾难、救危机的过程中，所有的人都会团结在一起，政府和企业家会想各种办法，但是矛盾、问题还会出现，所以做企业永远不要失去信心。

所有的人都说危机，但是我觉得是机会，危机是危险中的机会。这次所谓的危机是人类社会进入全球化的阵痛，人类必须面临这样的挑战。同时，这也是劳动密集型经济向知识经济过渡的机会。

我相信优秀的企业在顺境中可以发展，但是在逆境中还可以照样发展。因为这样的企业，才是最好的企业。假如你认为这是一个灾难，灾难已经来临；假如你认为这是一个机遇，那么机遇即将成型。去年我跟大家讲，灾难可能会来，现在我告诉大家，机会已经形成，大家开始准备吧！我们让经济学家去分析，为什么、还有多久，我们毕竟不是预测师。因为我坚信，在逆境的时代也有伟大的企业，像日本的索尼公司就是在经济非常低迷的时期诞生的。

在经济危机下，中国政府第一时间行动，作出积极努力，出台了多项减轻企业负担、盘活企业资金链、出口税费调整的政策，推出拉动内需的十项重大举措，着力转变经济增长模式，更是大手笔地在两个月内四次降息，稳定了中国的经济增长，并为未来全球经济复苏打下了基础。所以今天我希望我们能呼唤起企业家的梦想、理想、价值观，呼唤起企业家的精神，勇于担当，共同参与，应对危机。

这里，我不禁想起了2002年互联网的那场寒冬，那次我的口号是"成为最后一个倒下的人"。即使跪着,我也得最后倒下。而且,我那时候坚信一点,我困难,有人比我更困难;我难过,对手比我更难过——谁能熬得住谁就会赢! 放弃是最大的失败,永远不要放弃自己的信心,永远不要放弃当第一的梦想。假如你关掉你的工厂,关掉你的企业,你就永远没有再回来的机会。

我坚信一点,十年以后社会将进入新的时代,商业社会将进入新的商业文明的阶段,我们将更加统一、更加和谐、更加开明、更加开放,市场将会更加繁荣。所有人都要做十年以后的梦想,做好三年以后的规划,度过眼前的危机。

人类步入了21世纪,21世纪的第一步的阵痛告诉我们,只有更加开放、更具眼光,才能走得更远。所有的企业只要你想活,就一定能活下去,连"猪坚强"(汶川大地震中一只幸存的小猪)都能活,你为什么不可以?

谢谢大家!

(浙江 马云)

3. 真情厚谊聚家乡　同心协力建邵阳
各位领导、各位乡亲,同志们、朋友们:

今天,我们作为各位的家乡代表来到北京,把大家从百忙中请来,既没有美酒佳肴款待,也没有金银财宝赠予,唯一送给各位的最珍贵的礼物,就是邵阳父老乡亲们响彻在崀山脚下、回应在花瑶古寨、传递在南山牧场、沸腾在廉桥药都、荡漾在资江河畔、呼唤在宝庆街头的一声声、一字字乡音重重、含情脉脉的深切问候:乡亲们,新年好!

光临我们今天新春座谈会的乡亲中,有的在党政军群机关,为我们社会的长治久安不懈努力;有的在经济杠杆部门,为我们国家的不断进步竭忠尽智;有的在新闻舆论单位,为我们事业的全面胜利推波助澜;有的在文化卫生系统,为我们民族的文明发展无私奉献;有的在现代科研院所,为我们未来的锦绣前程奋勇攀登;有的在各种经济实体,为我们华夏的繁荣富强添砖加瓦。你们是邵阳人民的骄子! 你们是当今时代的精英! 我们赴北京慰问团的全体成员,对各位的光临表示热烈的欢迎! 长期以来,大家身在繁华的都市,不忘偏僻的故土;大家肩负历史的重任,常念基层的乡情。有的从政治上给予家乡诸多关怀,有的从经济上给予家乡不少帮助,有的从工作上给予家乡很大支持,有的从舆论上给予家乡有力声援。在此,谨让我代表中共邵阳市委、邵阳市人民政府和760万邵阳父老乡亲,向大家表示衷心的感谢和崇高的敬意!

各位领导、各位乡亲,刚刚过去的2008年,是家乡不平凡的一年。这一年,家乡接连经受住了百年不遇的雨雪冰冻灾害、局部地区的山洪地质灾害和历史罕见的全球金融危机等一系列重大挑战和艰难考验,保持了经济社会的平稳较快发展:经济持续健康增长——全市生产总值达到561.6亿元,增长11.1%,连续五年实现两位数增长。发展动力保持强劲——全社会固定资产投资达到358.7亿元,增长38.2%。娄邵铁路扩能提速改造工程即将进行,怀邵衡铁路已经立项,沪昆高速铁路有望经过邵阳;邵永、邵衡、邵安、娄新和包茂高速公路全面紧张施工,并且洞兴高速公路年内开工;国省干线改造进展顺利,通乡通村公路成绩显著。去年,我市被命名为全国交通枢纽城市。城市建设日新月异——新建或改建了邵阳大道和邵水西路等33条城市道路,新建或改建了紫薇公园和双清公园等4个城市公园,市容市貌大有改观,成功创建省级卫生城市。人民生活逐步改善——城乡居民人均可支配收入分别达到11065元、3232元,分别增长11.2%、11%。社会保障得到加强,各项事业协调发展。同志们,2008年满载着辉煌的成就和无限的喜悦,已经写入历史;2009年伴随着难得的机遇和严峻的挑战,开始迈开征程。在新的一年里,我们决心全面贯彻落实科学发展观,突出保增长、扩内需、调结构、促和谐、强基础,加速追赶步伐,努力缩短差距,争取以经济社会又好又快发展的优异成绩来迎接新中国成立60周年!

各位领导、各位乡亲,邵阳,或者是大家朝思暮想的桑梓故里;邵阳,或者是大家魂牵梦萦的第二故乡。邵阳过去的变化集中凝聚着你们的汗水和智慧,邵阳今后的发展更是离不开你们的关心和帮助。正因为如此,我们真诚地希望各位,为了一份共同的荣光,要一如既往支持家乡的发展壮大;我们热切地期盼各位,本着一个相同的愿望,同心协力建设家乡的灿烂明天!

(湖南 郭光文)

第三节 即兴演讲的技巧

任务

1. 学习即兴演讲的基础知识。
2. 学习运用即兴演讲的基本技巧。

读一读

案例:

当你被误解时

熊焰波

有一句老掉牙的老话,叫做"万事开头难",演讲如此,即兴演讲更是如此。不过,我总感觉到,万事结束难。我们在座的很多同志都知道《诗经》上有这样一句话:"靡不有初,鲜克有终。"也就是说任何事情都有个开头,但很难得到一个圆满的结尾。但好的开头也是很难的。所以我庆幸我第一个走上了即兴演讲的讲台。

大家看到,七分钟以前,我在在座的百余双眼睛的监视下抽到了这道题。当我们的主持人用他那浑厚的声音宣布这道题的时候,我因紧张而凝固的血液沸腾了,因激动而僵化的思想活跃了。七分钟里，我在思考这样一个问题：人总有被误解的时候，何必为被误解发愁！我们的南疆烈士被误解过，张海迪被误解过，我们的曲啸老师被误解过，我们辛勤耕耘的老师被误解过……但是，怎样从误解中找到理解呢？我可以这样说，理解的大门只向那些心胸开阔、勇于进取的人敞开着，理解的金钥匙只属于那些有头脑的人。我们的战士以他们在前线的英勇奋斗、他们血染疆场的行动获得了理解，曲啸老师以他的演讲和他的自身行为获得了理解，我们的老师以他们辛勤培育祖国未来劳动者获得了理解……所以说，朋友，要寻求理解能守株待兔吗？不行！唯有那些心胸开阔、奋发进取的人，才有资格获得真正的理解，在时间与空间、必然与偶然的辩证关系中得到理解。

我们寻求理解，当我们得到理解的时候，我们就会把误解变成一种真正的动力，用它去推动我们更好地理解别人，让别人再来理解自己。我不知道在座的各位有没有被误解过，但我肯定地说，我是被误解过。我在大学读书的时候，干社会工作，曾被误解过。我参加演讲活动，也被误解过，就是这次到北京来的时候，有人还风言风语，说我参加演讲比赛是想出风头，我何尝不想得到理解呢？（这时铃声响起）可是大家都听到了，警告铃响了，它在向我出示黄牌。它对我说："小伙子，你要寻求理解吗？那就少说空话，多干实事，但实践中，到自己的奋斗中去寻求理解吧！"

在这里，我还要对那些被误解的正在寻求理解的朋友们说上一句："敲响警告铃，出示这个黄牌，在奋斗中去寻求理解吧！"

（这篇演讲选自《实用演讲大全》，获"全国十城市青少年演讲邀请赛即兴演讲一等奖"）

议一议

读完案例，谈谈你对即兴演讲的认识。

学一学

即兴演讲，也叫即席说话、即兴讲话、即席演讲或即时演讲，指演讲者在某种特定的景物或某种特定的人物、气氛的激发下，兴之所至，在事先没有准备或没有充分准备的情况下有感而发的临时性演讲。这种形式的演讲，事先无任何准备，未拟稿，具有即时性、灵活性和针对性强的特征。

即兴演讲是事先未做准备，是临场因时而发、因事而发、因景而发、因情而发的。包括：各种大小会议上的开场白、总结致辞；各种礼仪讲话，如生日祝词、婚庆祝词、开业庆典祝词、节日祝福、迎送答谢辞；各种集会、座谈、谈判、聚会上的即兴讲话等。即兴演讲一般是对近期或眼前情况有感而发的，因此话题内容选取角度较小，说明议论求准、求精、求新。不像命题演讲事先拟好讲稿，也不像辩论演讲事先进行模拟训练，演讲者往往是当场打腹稿,即席讲话,说情况、讲道理、表看法、提意见,很少绕弯子。即兴演讲切忌观点模棱两可,晦涩艰深,令人不知所云。即兴演讲内容要贴近生活实际,短小精悍,简明扼要,时间上一般控制在1～5分钟,有的甚至只有一句简短的话,亲切感人。要具有思想性、趣味性和知识性,忌讳冗长杂散,啰唆重复。即兴演讲通常以小见大,借题发挥,以点带面,从现象究本质,阐述具有普遍意义的人生道理、生活哲理、社会真理。

一、即兴演讲的思维训练法

即兴演讲是一种最能反映人的思维敏捷程度和语言组织能力的口头表达方式,最能反映一个人的学识水准、个性特征和演讲风格。它是经过思想—句子—词汇—语音的快捷转换的激烈的思维过程。即兴演讲能力的储备要从思维训练开始。思维训练方法一般有三种:

第一,定向思维训练法。定向思维训练法是按常规恒定思维的模式。这种思维可以培养个人深入思考的能力,有助于养成深入分析问题、透过现象看本质的良好习惯。

第二,逆向思维训练法。逆向思维训练法是反过来想一想,变肯定为否定,变否定为肯定,变正面为反面,变反面为正面。这种思维方式具有独立发表见解的特点,促成演讲的高潮。

第三,联想思维训练法。联想思维训练法是由一事物想到他事物的训练方法。其特点是闻一知十,触类旁通,使即兴演讲具有流畅性与变通性。

即兴演讲和其他演讲一样,也是由导语、主体和结尾三部分组成,这为演讲构思提供了一定的套路和范式,利于在短时间内形成发言思路。即兴演讲常用构思方法:

(1) 表达强烈愿望—愿为事业献身—指出必胜的光明前途—表达感激之情。

(2) 欢迎众人到来—表达高兴心情—表明自己观点(联系实际)—表达祝福。

(3) (答谢词)表示感谢—回顾过往生活—两者间相互促进—升华思想、感情。

(4) 引出话题—介绍关系—双方情况说明—表达希望与祝福。

(5) (颁奖)受奖人的贡献—具体介绍其贡献所产生的影响—赞扬其巨大贡献。

(6) 说感受—分析原因—言问题—道艰难—呼吁。

二、即兴演讲开头的基本技巧

良好的开头是成功的一半。万事开头难。即兴演讲开头破题工作做好了,就会打破演讲的被动局面,使思维开阔起来,常用开头技巧如下:

(1) 直入式。著名诗人学者、民主同盟党中央委员闻一多的《最后一次演讲》中说道:"这几天,大家晓得,在昆明出现了历史上最无耻的事情!李先生究竟犯了什么罪,竟遭如此毒手?他只不过是用笔写写文章,用嘴说说话。而他所写的、所说的,都无非是一个没有失掉良心的中国人的话!大家都有一支笔,有一张嘴,有什么理由拿出来讲啊!为什么要打要杀,而且不敢光明正大地来打来杀,而是偷偷摸摸地来暗杀,这成什么话?"《最后一次演讲》的开头语,闻一多几乎没有做任何铺垫,一开始就用一连串激昂的感叹句把演讲直接引入正题,给听众一种畅快淋漓的印象。

(2) 引用式。吕元礼的《祖国——母亲》中说道:"人们常说,第一次把美人比作花的是天才;第二次把美人比作花的是庸才;第三次把美人比作花的是蠢材。不错,如果人云亦云,鹦鹉学舌,那么,就是再美妙的比喻也会失去光彩。但是在生活中却有这样一个比喻,即使你用它一百次、一千次、一万次,也同样具有强大的感染力。同志们或许会问,这是个什么样的比喻呢?那就是,当你怀着赤子之心,想到我们祖国的时候,你一定会把祖国比作母亲。"吕元礼的演讲引用了一个讽刺的谚语,说明了对重复比喻的厌烦,然后话锋一转,强调另一种比喻可以不厌其烦地运用,引出了演讲的主题《祖国——母亲》。这样的开头方式,既由于谚语铺垫显得水到渠成,又由于谚语的使用而显得贴近生活。

(3) 提问式。蔡畅的《一个女人能干什么》中说道:"今天,我讲一个问题,一个女人能干什么。一个女人能干什么呢?我的回答是:能干,什么也能干;不干,什么也不能干。能干又不能干,不能干又能干。为什么这样说呢?要确定女人能干不能干,有两个条件。一个是要看环境,另一个是要看个人的努力。如果环境好,自己不去努力,只靠人家那就什么也不能干。如果自己努力干下去,就可以得到好的结果。如果努力干,就是从那些小的具体工作到管理国家大事都能够干,如果不干,就会变成社会的寄生虫。"蔡畅通过提问来引发听众的兴趣,再经自问自答的形式来阐发自己的观点,这样会给听众留下清晰的印象。

此外,即兴演讲的开头方式还可以采用故事式、悬念式、自我介绍式等。

三、即兴演讲的黄金法则

即兴演讲的黄金法则有以下几条:

(1) 简明扼要,这一原则众所周知,但人们总是不能做到。可以海阔天空地说,只是不要超过三分钟。

(2) 尽可能个性化、人性化。只有独特的、带有感情的讲话才可以吸引人的注意力,但不要谈论在场的人,而是要面对他们,同他们说话。对说"笑话"一定要小心谨慎,因为它往往针对的是少数派或极端情况。

(3) 不要用缘由来开头,如果用不言而喻的事情来开头,听众一定会觉得无聊。

(4) 使用直接引语和现在时,"请你设想,你现在……",同时尽可能运用新的、还未过时的,并且尚未为人所知的名言,当然如果那些名言源自于听众圈的正面言论或出席者和杰出人物的历史过去,就再好不过了。

练一练

请从下列题目中抽取一道,现场思考并作即兴演讲。

1. 人生处处是考场。
2. 童年趣事。
3. 老人倒地,应该扶。

第四节　演讲稿的撰写

任务

学习演讲稿的撰写。

读一读

案例：

珍惜校园学习生活

几天前,报纸上登出一条消息,说有中学生辍学去开网络公司。我认为这并不值得提倡。对绝大多数学生来讲,在校生活是系统地学习基础理论知识,学习思考和解决问题方式的好机会。这些知识将成为你未来发展过程中所需要的最基本的知识和技能。就像建一栋高楼,如果不打好基础是经不起风吹雨打的。

在全球范围内,美国的研究水平无疑是世界一流的。而除了美国之外,你会发现英国的研究水平也是相当突出的。究其原因,其实就是语言问题。英国人可以毫无阻碍地阅读美国乃至全球各种最新的英文研究报告和资料。这对于他们把握研究方向,跟踪最新进展,发表研究成果都有很大的帮助。因此,英语学习对于我们做研究的人来说,也是相当重要的。只有加强这方面素质的培养,才能适应将来的发展。我建议:学英语先学听说,再学读写,而且务必在大学阶段完全解决英语学习的问题。等到年龄大了,要付出的代价相比就会大得多。

除了英语之外,数学、统计学对理工科学生也是很重要的基础课程,是不可忽视的。数学是人类几千年的智慧结晶,你们一定要用心把它学好,不能敷衍了事。我今天就很后悔自己当初没有花更多功夫把数学学得更好些。另外,计算机应用、算法和编程也都是每一个工科学生应该熟悉和掌握的,它们是将来人人必须会用的工具。

科技的发展可谓日新月异。在校学习的目的,其实就是掌握最基本的学习工具和方法。将来利用这些工具和方法,再去学习新的东西。比如:上课学会了C++,能否自己学会Java？上课学会了HTML,能否自己学会XML？与其说上大学是为了学一门专业,不如说是为了学会如何学习,让自己能够"无师自通"。

大学毕业后的前两年,同学们聚到一起,发现变化都还不算大。五年后再聚到一起,变化就大多了。一些人落伍了,因为他们不再学习,不再能够掌握新的东西,自然而然地落在了社会发展的后面。如果我们要在这个竞争激烈的社会中永不落伍,那就得永远学习。

我的老板——Rick Rashid博士是目前微软公司主管研究的高级副总裁,他已经功成名就,却始终保持着一颗学习和进取的心。现在,他每年仍然编写大约50000行程序。他认为:用最新的技术编程可以使他保持对计算机最前沿技术的敏感,使自己能够不断进步。今天,有些博士生带着低年级的本科生和硕士生做项目,就自满地认为自己已经没有必要再编程了。其实,这样的做法是很不明智的。

　　每次到清华和其他学校访问,被问到最多的就是学生打工的问题。我认为,打工从总体来说对学生是一件好事,是拓宽视野的一种方式。例如:在研究机构打工,可以学到最新的科技;在产品部门打工,可以学到开发的技术和技能;在市场部门打工,可以理解商业的运作。我认为每一个学生都应该有打工的经验,但不要打一些"没用的工"。首先要明白打工只是学生生活中的一种补充,学习才是最重要的。打工的目的是开阔眼界,不是提前上班。如果你把翻译书本、录入数据库所花的时间投入学习,将来可以赚更多的钱。那些钱将远远超出目前打工的收入。

　　此外,还有一些学生受到目前退学创业的鼓励,为成为中国的比尔·盖茨和迈克尔·戴尔而中途辍学。以我的观点,除了十分特殊的情况,我不建议在校学生退学创业。你所看到的那些退学创业的成功者实际上少之又少。目前,大部分学生虽有创业的想法,但缺少创业的经验,所以失败的可能性非常大。如果要成功,我建议你们先把书读好。如果是要学习创业的经验,你完全可以利用假期的时间先去一家公司边打工边学。比尔·盖茨也曾说过:"如果你正在考虑自己成立一家新公司,你应该首先明确地知道创办公司需要巨大的精力投入,要冒巨大的风险。我觉得你们不必像我,一开始就创办一家公司。你应该考虑加盟其他公司并在这家公司中学习他们的工作、创业方法。"

(李开复)

 议一议

如何看待李开复的观点?

 学一学

　　演讲稿的写作十分重要。社会上常有各种各样的演讲比赛,演讲稿写得好不好关系到参赛单位的荣誉。人们在日常生活和工作中的讲话稿其实就是一种演讲稿。演讲稿是为演讲所准备的书面材料,是内容的视觉化,是口述论文。

　　撰写演讲稿,立意先行,意为思想,思想最能打动听众,撞击听众的思想,产生演讲吸引力。确立好的主题,才能写出一份优秀的演讲稿。同时,也只有立意正确的演讲,才能给听众积极的、有益的启示。完整的演讲稿包括开场白、主干、结束语。一篇好的演讲稿,开场白要如同凤头,小巧美丽;主干要如同猪肚,大而丰,有血有肉;结束语要如同豹尾,雄健有力,言止意长。

一、凤头,开场要精彩

演讲的开头又叫开场白,它是演讲者在演讲开头时的引言。开场白对演讲有双重作用:一是诱发听众浓厚的兴趣,赢得听众的好感。无论是一个出乎寻常的举动,发出几声感叹还是几句简短的话,都应力图和听众的心挨得近些,扣动其心弦,使其感到演讲者可亲、可敬、可爱。二是为整个演讲创造一个适宜的气氛,为全篇演讲定下基调,或提纲挈领点明演讲的宗旨,自然引起下文。出色的演讲者,总是以他特有的风度、洪亮的声音、新奇的内容、精妙的语言或者其他的方式,一开头就力图控制全场,抓住所有听众的心。

根据演讲的规律和实践经验的总结,演讲开头的类型主要有以下几种。

1. 提问式

一上台便向听众提出一个或几个问题,请听众与演讲者一道思考,这样可以立即引起听众的注意,促使他们很快把思想集中起来,一边迅速思考,一边留神听。听众带着问题听讲,将大大增加他对演讲内容认识的深度和广度。但提出的问题不能太滥,应围绕中心,饶有趣味,发人深省;如果问得平平淡淡,不痛不痒,反而弄巧成拙,失去这种开场白的优势。

如《人才在哪里?》演讲稿的开头:

"人才在哪里?人才在九百六十万平方公里的土地上,在十二亿人民中间,在当今改革的激流里,在你们——我尊敬的听众之中。"

这个开头既有很强的吸引力和感染力,又缩短了演讲者与听众的心理距离,建立了一条很好的友谊纽带。

2. 新闻式

演讲者首先当众宣布一条引人注目的新闻以引起全场听众的高度注意。

例如《文明古国的悲哀》演讲稿的开头用的就是新闻式:

"据一家国家级的报纸报道:在国外,几乎所有国家的公共场所都专门贴有用中文写的告示牌——请不要随地吐痰和乱扔果皮、纸屑。朋友们,这并非是一件正常的小事,而是对号称文明古国的子孙们的一种讽刺。"

这样的开头,一下子就使听众为之震惊,并对事态关注起来。但这种新闻首先必须真实可靠,切不可故弄玄虚,否则,愚弄听众只会引起反感;其次要新,不能是过时的"旧闻"。

3. 赞扬式

人们一般有听表扬语言的心理,演讲者在开场时说几句赞扬性的话,可以尽快缩短与听众的感情距离。但要注意分寸,不然会给人哗众取宠、油嘴滑舌的印象。

4. "套近乎"式

演讲者根据听众的社会阅历、兴趣爱好、思想感情等方面的特点,描述自己的一段生活经历或学习工作上遇到的问题,甚至自己的烦恼和喜乐,这样容易给听众一种亲切感,从而产生共同语言,使双方的感情距离一下子缩短了。

5. 悬念式

也叫故事式,就是开头讲一个内容生动精彩、情节扣人心弦的故事或举一个触目惊心的事实来制造悬念,使听众对故事发展和人物命运深表关切,从而仔细听下去。

6. 直入式

这种开头的方式是开门见山、言简意赅、单刀直入,直截了当接触演讲的主题。如《下一个》演讲稿的开头:

"当球王贝利踢进第一千个球时,有位记者问他:'哪一个最精彩?'贝利回答说:'下一个!'努力追求'下一个',是优秀运动员和各行各业先进人物的共同品格。"

7. 道具式

又叫实物式,演讲者开讲之前向听众展示某件实物,给听众以新鲜、形象的感觉,引起他们的注意。实物可以是一幅画、一张照片、一张图表、一件衣服等。

8. 幽默式

用幽默诙谐的语言和新奇贴切的比喻开头,既能紧紧抓住听众的心,引人发笑,又能活跃会场气氛,让人在笑声中思考。

9. 忠告式

忠告式开头是演讲者采取郑重其事的态度,向听众讲明利害关系,以引起大家的警觉,从而增强演讲的实际效果的一种方式。这种方式一开始就讲出了事态的严峻,引起了听众的注意和警惕,使听众产生了急于听下去的迫切感。

10. 渲染式

渲染式开头是通过创造适宜的环境气氛,引发听众相应的感情,引导听众很快进入讲题的演讲方法。

例如恩格斯《在马克思墓前的讲话》的开头:

"三月十四日下午两点三刻,当代最伟大的思想家停止思想了。让他一个人留在房里还不到两分钟,等我们再进去的时候,便发现他在安乐椅上安静地睡着了——但已经是永远地睡着了。"

这个开头,只用短短的两句话,便把听众引进了一个庄严、肃穆、沉痛、对革命导师敬仰的气氛之中,有利于听众接受演讲的正文所欲展开的谈论。

11. 名言式

格言、谚语、诗词名句、名人名言等具有思想深邃和语言优美的特点,具有广泛的群众基础,对青年人更有魅力。若能适当地运用名言作为开头,也可以收到好的效果。但并不是凡引用名言作开头都有好处。那些司空见惯、为青年所熟知的名言,经反复引用后,往往会给人俗套之感,使听众觉得你的本事不外乎会背名人名言录而已。这样不仅不能起到吸引人的作用,还会使得全场嘘声四起。引用名言,要让听众有回味、咀嚼的余地。哲理性要强,但不要太深奥莫测,甚至晦涩难懂,应当注意语言的通俗性。

如《走自己的路》演讲稿的开头：
"路漫漫其修远兮,吾将上下而求索。"
开头引用屈原《离骚》中的名句,含义深邃而又必然地引出下文。

12. 即席式

演讲者就演讲地点的景、物当场设喻,借以说清道理;或在特殊的情况下,采用灵机应变、机智巧妙、信手拈来的即席方式开头,以沟通演讲者与听众的心灵,缩短距离,增强演讲的形象性和感染力。

例如：一位女演讲员在观众的掌声中楚楚动人地走上讲台,一不小心在台边摔倒,观众大惊。女演讲员站起后,不慌不忙走到话筒前,开口说的第一句是："谢谢大家,我刚才是为大家的掌声所倾倒了。"语音未落,掌声雷动。

1990年中央电视台邀请台湾影视艺术家凌峰先生参加春节联欢晚会。当时,许多观众对他还很陌生,可是他说完那妙不可言的开场白后,一下子被观众认同并受到了热烈欢迎。他说："在下凌峰,我和文章不同,虽然我们都获得过'金钟奖'和最佳男歌星称号,但我以长得难看而出名……一般来说,女观众对我的印象不太好,她们认为我是人比黄花瘦,脸比煤炭黑。"这一番话嬉而不谑,妙趣横生,观众捧腹大笑。这段开场白给人们留下了非常坦诚、风趣幽默的良好印象。不久,在"金话筒之夜"文艺晚会上,只见他满脸含笑,对观众说："很高兴又见到了你们,很不幸你们又见到了我。"观众报以热烈的掌声。至此,凌峰的名字传遍祖国大地。

二、猪肚,内容要丰富

作为演讲稿的主干,要选择丰富的材料案例来支撑。演讲理论家邵守义先生在《实用演讲学》一书中曾说："演讲者只有了解听众,并从听众的实际出发,有针对性地选用材料,才能唤起听众的听讲热情和兴趣。"也就是说,选用有针对性的材料,演讲才能吸引听众。有针对性地选用材料,要从以下几方面入手：

1. 选用切合演讲场合的材料

2007年10月28日晚,第四届鲁迅文学奖颁奖典礼在鲁迅先生的故乡——浙江绍兴举行。中国作家协会主席铁凝有感而发,热情致辞。她在演讲中这样讲道：

"一踏入鲁迅先生的故里,我就真切地感到文学的气场、气韵生动起来,鲜活起来。鲁迅先生的风骨,穿越了七十年的时光,在这个庄重而清明的夜晚,与我们每个人的内心相对。云山苍苍,江水泱泱;先生之风,山高水长……鲁迅文学奖给作家带来的,不仅是荣誉,更重要的是责任。我们相聚在这里,就是要继承鲁迅精神,积极履行人类灵魂工程师的职责。继承鲁迅精神,就是要像鲁迅先生那样心怀广大,致力于文学对社会现实的关怀与担当;就是要像鲁迅先生那样,用极富创造性的艺术形式表现一个时代、一个民族的精神品貌。因此,对我们来说,今天在这里,不是终点,而是一个新的起点。"

铁凝首先真切地抒发了自己"一踏入鲁迅先生故里"的内心感受,然后深刻地阐述了文学的价值和鲁迅文学奖的意义,最后明确地指出了鲁迅文学奖给作家带来的责任,并号召大家继承鲁迅精神,从新的起点向前迈进。这些针对性很强的情理和事理材料,不仅切合了颁奖典礼的特定场合,而且突出了鲁迅文学奖的活动主题,给现场听众以思想的启发和精神的激励。

2. 选用适合听众文化程度的材料

近年来,著名健康问题专家洪昭光教授通过举办健康讲座,面向全社会传播科学的健康知识,受到大众的欢迎和媒体的好评。在一次题为《生活方式与身心健康》的演讲中,他这样分析和讲解遗传的影响:

"遗传的影响,我们简单用一个例子来说明一下。小白兔应该吃什么呢?本应该吃萝卜,但假如从今天开始,让小白兔改吃鸡蛋拌猪油,蛋黄胆固醇高,猪油是动物脂肪,四个礼拜胆固醇增高,八个礼拜动脉硬化,十二个礼拜小白兔个个得冠心病。下面,我们换用北京鸭子做实验,让它吃蛋黄拌猪油。结果很奇怪,鸭子怎么吃,天天吃,胆固醇都不高,动脉也不硬化,更没有冠心病。唉!这就奇怪了,怎么兔子一喂就动脉硬化,鸭子就没有动脉硬化呢?道理很简单,兔子是兔子,鸭子是鸭子,遗传不同啊。人也是一样:为什么张三一吃肥肉,胆固醇高,动脉就硬化,冠心病也来了,而李四天天吃肥肉,他什么事也没有?因为张三是兔子型的,李四是鸭子型的,鸭子型就没事,你兔子型就倒霉,先天性倒霉。为什么有人你看他吃得并不多,可就减不了肥,那个吃得很多的人却胖不了?就因为人类型不同,有些东西遗传100%,有些遗传是个倾向。高血压、冠心病是一个倾向。"

洪教授明白,听他演讲的人,大多是关注健康的普通群众,如果他一味使用专业术语进行讲解,就会使讲座变得曲高和寡、索然无味。因此,他在讲解有关医学知识的时候,往往选用一些通俗易懂的事例材料加以说明。比如,上例中,在讲解得病的遗传影响时,他就有针对性地选用了小白兔和北京鸭子的实验材料作为例子,从而深入浅出地说明了不同类型的人的遗传差异及其与疾病之间的关系,让听众懂得了高血压、冠心病的遗传倾向对人的致病影响。

3. 选用符合听众心理需求的材料

2007年4月5日,著名女作家毕淑敏的心理励志小说《女心理师》的首发式在北京市监狱举行。其间,重庆出版集团向监狱捐赠了《女心理师》和《忧郁》等心理书籍,此举的目的是想唤起公众对心理话题,尤其是对特殊人群心理健康问题的关注。面对众多服刑人员,毕淑敏发表了题为《世界上最大的勇气莫过于相信奇迹》的演讲,她充满真情地讲道:

"心理是身体的奇迹,人获得幸福与否取决于心理是否健康。曾有一家报社做过一个调查:谁是世界上最幸福的人。结果最幸福的人依次为:给孩子刚洗完澡,怀抱婴儿微笑的母亲;刚给病人做完手术,目送病人出院的医生;在沙滩上筑起沙堡,看着成果的孩子;写完小说最后一个字,画上句号的作家。看完这个消息,我有深入骨髓的悲哀。这些幸福,我几乎都曾拥有,但自己却感觉不到,是幸福盲。因此,幸福关键在于我们发现幸福的目光,在于内在的把握、永恒的感情和灵魂的拯救。"

毕淑敏深知,这些服刑人员中的大多数人是因出现心理困惑和精神空虚而触犯刑律的,他们渴望幸福的生活,却不懂什么是真正的幸福,为了所谓的"幸福",他们不择手段,铤而走险,最终走上了犯罪道路。于是,她针对这些特殊听众的心理困惑和精神需求,首先揭示了心理健康的重要性,接着引述了一个关于"谁是世界上最幸福的人"的调查材料,然后表达了自己是"幸福盲"的真实感受,最后得出结论:幸福的关键在于"我们发现幸福的目光",在于"内在的把握、永恒的感情和灵魂的拯救"。她的演讲,重在心理分析和精神引导,既让服刑人员感到亲切,又能促使他们自我反省,从而达到针对听众进行心理矫正的目的。

此外,还可以选用契合听众兴趣和爱好的材料或者能向听众指明行动方向、教给听众行动手段和方法的材料等。总之,有针对性地选用材料,才能使演讲稿内容丰富,吸引听众。

三、豹尾,总结要升华

美国演说家乔治·柯赫说:"当你说再见时,你必须使听众微笑。"在一场演讲中,精巧的结尾如绕梁之余音,袅袅不绝,会使听众余兴未阑,回味无穷。可采用以下几种结尾方式来对演讲稿进行提升:

1. 以幽默结尾,调侃同趣

幽默式结尾是用风趣幽默的言语作为结束辞。在笑声中结束演讲,如在丰盛的大餐过后,奉上一道味美的甜点,妙不可言。2008年6月18日,中国国务院副总理王岐山在第四次中美战略经济对话结束后的一场晚宴上发表了40分钟的即席脱稿演讲,他的幽默口才折服了参加晚宴的美国听众,嘉宾笑声、掌声不断。在演讲结尾,王岐山说:

"我是不喜欢念讲稿却喜欢即兴讲话的,虽然这样容易祸从口出(笑声)……说老实话,中国也有人存在保护主义思想,有些学者就认为中国开放得太大了,担心华尔街那帮人太会赚钱了,把我们的钱都赚跑了(笑声)……欢迎美国朋友来中国观看北京奥运会,如果实在没法去北京,那一定要在电视机前看奥运会,为美国和全世界运动员加油。如果没有票,可以找我。如果找不到旅馆,我们的旅游局长邵琪伟在这里。如果大家吃东西担心病从口入,可以找我们的质检局长李长江。(笑声)"

在演讲的结尾,王岐山巧借"祸从口出"调侃自己的脱稿演讲,洒脱随意。随后讲出的一番话睿智幽默、妙趣横生,让全场听众都笑翻了天。这样的演讲结尾,既巧妙地向美国人推销了北京奥运,又在谈笑间展现了中国领导人幽默自信的外交风采,极富情趣,让人叹服。可见,结尾幽默化,演讲效果好。

2. 以故事结尾,辅以名言

故事式结尾是以一个与演讲主题有关的故事作为结束辞,再以名言警句将主题加以升华。2008年12月27日,在第四届全国校园文学研讨会上,"学术超女"于丹做了精彩的演讲,在演讲的结尾,于丹以一个故事作为祝福送给所有听众:

"有个刁钻的年轻人想为难睿智的老酋长,抓了只小鸟问老酋长:'你说这小鸟是生还是死呢?'年轻人盘算着,如果老酋长说生,他就暗中加把劲将它捏死;如果老酋长说死,他就张开双手将它放飞。思索一番后,年轻人信心十足地等待着胜利。只见老酋长慈祥地笑了笑,拍了拍年轻人的肩膀说:'生命就在你的手里。'"于丹借着这个故事说:"2009年,无论将遭遇多少风雨,无论将直面多少荣光,我向上天祈祷,我不求命运完全掌握在自己的手里,只希望无论面对什么困难,我都毫不畏惧!面对未来的每个日子,无论是2009年还是更远的将来,我想,我们每个人生命的未来都掌握在自己手里。"(掌声雷动)

于丹善借故事倾谈心声,涵义隽永而含蓄蕴藉,又与主题紧密相连,把寓意深刻的道理讲得耐人寻味。接着巧用名言"我们每个人生命的未来都掌握在自己手里",升华了主题,讲得字字珠玑、铿锵有声,如心灵鸡汤一般,滋润着台下听众的心田,自然会收获热烈的掌声。可见,结尾讲故事,演讲效果好。

3. 以"道具"结尾,诗词点缀

"道具"式结尾,即在演讲的结尾,妙用某一"道具"展开话题,其间以优美的诗词点缀,完美地收拢演讲全文。在一次国际大专辩论演讲中,西安交通大学学生谭琦这样结束演讲道:

"和对方辩友倾谈主观客观,不如我们拿出一个具体的客观实例来。请问对方辩友,(举着一枝玫瑰花)在大家眼中,这是同一枝花,但在大家心目中是不是有着不同的美的感受?伤心的人会说'感时花溅泪',高兴的人会说'花儿对我笑',憔悴的人会说'人比黄花瘦',欣喜的人会说'人面桃花相映红'。有人说花是有情的,所谓'落红不是无情物,化作春泥更护花';有人说花很无情,'癫狂柳絮随风舞,轻薄桃花逐水流'。原因是什么?是'年年岁岁花相似,岁岁年年人不同'。客观上是'花自飘零水自流',可我主观地认为是'一种相思,两处闲愁'。(掌声)"

这段演讲稿的结尾,通过对"道具"——一枝玫瑰花的展示,独具匠心地嵌进精彩的诗词,融诗意、画意于一体,给听众带来了美妙的精神享受,自然会受到听众的欢迎。可见,结尾借"道具",演讲效果好。

4. 以高潮结尾,妙语相佐

以高潮结尾,即把演讲的高潮放在最后,采取层层推进、逐层累积的方式,打动听众心弦。恰如美国作家约翰·沃尔夫所说:"演讲最好在听众兴趣达到高潮时果断收束,未尽时戛然而止。"在一次有关尼亚加拉大瀑布的演说中,林肯是这么结尾的:

"这使我们回忆起过去。当哥伦布首次发现这个大陆,当基督在十字架上受苦,当摩西领导以色列人通过红海,甚至当亚当首次从造物者手中诞生时,那时候和现在一样,尼亚加拉瀑布早已在此地怒吼。已经绝种但其骨头塞满印第安土墩的巨人族,当年也曾以他们的眼睛凝视着尼亚加拉瀑布,正如我们今天一般。尼亚加拉瀑布与人类的远祖同期,今天它仍和一万年以前一样声势浩大。而那些早已死亡,只有骨头碎片才能证明它们曾经生存在这个世界上的巨象,也曾经看过尼亚加拉瀑布。在这段漫长无比的时间里,这个瀑布从未静止过一分钟,从未干枯,从未冻结,从未合眼,从未休息。"

这段演讲结尾以回忆过往的形式,连用四个"当……"畅谈哥伦布、基督、摩西、亚当等时代,彰显了尼亚加拉大瀑布的悠久历史,如滚滚春雷,气势不凡。最后,连用五个"从未……"在将演讲主题推向高潮的同时,突地戛然而止,却余味未尽,给听众留下了深刻的印象。可见,结尾有高潮,演讲效果好。

俗话说"编筐编篓,重在收口;描龙画凤,难在点睛"。演讲的结尾,可以说是演讲的"收口之作""点睛之笔",其重要性与难把握性不言而喻。

练一练

以《时间去哪了》为题,写一篇演讲稿。

第九章 实用演讲

第一节 工作会议演讲

任务

1. 了解工作会议演讲的基本概念。
2. 学习撰写会议发言稿。

读一读

案例1：

在北京大学开学典礼上的演讲

各位同学、各位领导：

大家上午好！

非常高兴许校长给我这么崇高的荣誉，让我谈一谈在北大的体会。

可以说，北大是改变了我一生的地方，是提升了我自己的地方，使我从一个农村孩子最后走向了世界。没有北大，肯定就没有我的今天。北大给我留下了一连串美好的回忆，也留下了一连串的痛苦。正是在美好和痛苦中间，在挫折、挣扎和进步中间，最后找到了自我，开始为自己、为家庭、为社会做一点儿事情。

记得我在北大读书时，我的成绩一直排在全班最后几名。但是，当时我已经有一个良好的心态。我知道，我在聪明上比不过我的同学，但是我有一种能力，就是持续不断的努力。所以在我们班的毕业典礼上，我说了这么一段话，到现在我的同学还能记得。我说："大家都获得了优异的成绩，我是我们班的落后同学。但是我想让同学们放心，我决不放弃。你们五年干成的事情我干十年,你们十年干成的我干二十年,你们二十年干成的我干四十年。"

人们常说,能够到达金字塔顶端的只有两种动物,一是雄鹰,靠自己的天赋和翅膀飞了上去。我们这儿有很多雄鹰式的人物,很多同学学习不需要太努力就能达到优秀。他们身上充满了天赋,不需要特别用功就有这样的才能。比如我的班长王强,他的模仿能力就是超群的,任何一句话,听一遍就能模仿出来,绝对不会两样,所以他在北大广播站当了四年播音员。每天听着他的声音,我心里特别羡慕他。所以,有天赋的人就像雄鹰。但是,大家也知道,有另外一种动物,也到了金字塔的顶端,那就是蜗牛。蜗牛从底下爬到上面可能要一个月、两个月,甚至一年、两年。我相信蜗牛绝对不会一帆风顺地爬上去,一定会掉下来、再爬,掉下来、再爬。但是,同学们所要知道的是,蜗牛只要爬到金字塔顶端,它眼中所看到的世界,它收获的成就,跟雄鹰是一模一样的。我在北大的时候,包括到今天为止,我一直认为我是一只蜗牛。但是我一直在爬,也许还没有爬到金字塔的顶端。但是只要你在爬,就足以给自己留下令生命感动的日子。

我常常跟同学们说,如果我们的生命不为自己留下一些让自己热泪盈眶的日子,你的生命就是白过的。我们很多同学凭着优异的成绩进入了北大,但是北大绝不是你们学习的终点,而是你们生命的起点。在一岁到十八岁的岁月中间,你听老师的话、听父母的话,现在你真正开始了自己的独立生活。我们必须为自己创造一些让自己感动的日子,你才能够感动别人。我们这儿有富裕家庭来的,也有贫困家庭来的,我们生命的起点由不得我们选择出生在富裕家庭还是贫困家庭,但是我们生命的终点是由我们自己选择的。我们所有在座的同学过去都走得很好,已经在十八岁的年龄走到了很多中国孩子的前面。但是,到北大并不意味着你从此大功告成,并不意味着你未来的路也能走好,后面的五十年、六十年,甚至一百年你该怎么走,成为了每一个同学都要思考的问题。就本人而言,我觉得只要有两样东西在心中,我们就能成就自己的人生。

第一样叫做理想。我从小就有一种感觉,希望穿越地平线走向远方,我把它叫做"穿越地平线的渴望"。也正是因为这种强烈的渴望,使我有勇气不断地高考。当然,我生命中也有榜样。比如我有一个邻居,非常的有名,是我终生的榜样,他的名字叫徐霞客。当然,是五百年前的邻居,他是江苏江阴的,我也是江苏江阴的。因为崇拜徐霞客,直接导致我在高考的时候地理成绩考了九十七分。也是徐霞客给我带来了穿越地平线的这种感觉,所以我也下定决心,如果徐霞客走遍了中国,我就要走遍世界。而我现在正在实现自己的这一梦想。所以,只要你心中有理想、有志向,同学们,你终将走向成功。你所要做到的就是在这个过程中有艰苦奋斗、忍受挫折和失败的能力,要不断地把自己的心胸扩大,才能够把事情做得更好。

第二样东西叫良心。什么叫良心呢?就是要做好事,要做对得起自己对得起别人的事情,要有和别人分享的姿态,要有愿意为别人服务的精神。在北大当学生时,我一直比较具备为同学服务的精神。我这个人成绩一直不怎么样,但我从小就热爱劳动,所以我从小学一年级就一直打扫教室卫生。到了北大以后我养成了一个良好的习惯,每天为宿舍打扫卫生,这一扫就扫了四年。所以我们宿舍从来没排过卫生值日表。另外,我每天都拎着宿舍的水壶去给同学打水,把它当作一种体育锻炼。大家看我打水习惯了,最后还产生这样一种情况,当我忘了打水时,同学就提醒我怎么还不去打水。但是我并不觉得打水是一件多么吃亏的事情。因为大家是同学,互相帮助是理所当然的。十年后,到了1995年年底时,我事业的发展需要找合作者。于是,我就跑到了美国和加拿大去寻找我当年的同学,他们在大学的时候都是我学习的榜样。后来,他们跟我回来了,但是给了我一个十分意外的理由。他们说:"我们回去,是冲着你过去为我们打了四年水。"他们还说:"我们知道,你有这样的一种精神,因此你有饭吃,肯定不会给我们粥喝。所以,我们和你一起回国。"

人的一生是奋斗的一生,但是有的人一生过得很伟大,有的人一生过得很琐碎。如果我们有一个伟大的理想,有一颗善良的心,我们一定能把很多琐碎的日子堆砌起来,变成一个伟大的生命。但是如果你每天庸庸碌碌,没有理想,从此停止进步,那未来你一辈子的日子堆积起来将永远是一堆琐碎。所以,我希望所有的同学能把自己每天平凡的日子堆砌成伟大的人生!

(俞敏洪)

案例2:
在女儿学校成人典礼上的演讲

各位朋友:

大家好!

按理说,我不该紧张的,但是,讲老实话,现在站在这儿,我还真有点儿紧张。还好,只是一点儿,已经可以忽略不计了。

现在我想说,今天能参加这个典礼我真的很高兴,很骄傲!我想代表所有的家长谢谢孩子们,谢谢你们给爸爸妈妈带来的这份荣耀。我还要谢谢学校和老师,你们看,我们的孩子们就坐在那里,都那么健康,那么优秀,那么漂亮,谢谢老师的教育,谢谢学校办这个典礼,让我们一起见证和分享了孩子们人生里很重要的一刻。

吾家有女初长成,这是今天看到了我十八岁的女儿,心里冒出来的一句话。女儿长大了,当爸的是该放心了,还是更担心了呢?欣喜之余也有些不安。心里很矛盾,亲爱的女儿,现在你要开始接触到真正的人生了,生活有时候并不像你想象的那么公平,世界上没有完美的事物,你爱的人也许不爱你。这所有的一切,单纯如你,会了解和接受么?来之前我想了很久却又释然,聪慧如你,自会慢慢了解如何应对。

我想,今天这个成年礼是在告诉孩子们,你们成年了,同时也是在告诉我们家长,他们成年了。我们虽然有很多理由担心,但我们还是应该学会相信和放心。亲爱的女儿,我想告诉你,无论你欢乐还是流泪,任何时候回头,爸爸都在你身后,微笑着看着你。不要害怕失败,不要担心跌倒,爸爸会扶你起来。只是爸爸不再会牵着你的手领着你走了,爸爸只会在你身后,默默地看着你。人生道路坎坷且漫长,一步一步需要你自己摸索前行。

学着面对一切真实,接受一些不完美,承担一些责任,做一些决定——孩子们,十八岁的你们,是时候了!

谢谢大家!

(北京 冯小刚)

议一议

1. 案例1中俞敏洪演讲的主题是什么?
2. 案例2对你有哪些触动?

学一学

实用演讲是指与工作生活密切相关的各类演讲,比如工作会议演讲、生活礼仪演讲、竞聘演讲等。

工作会议演讲主要指一般的会议讲话。在日常生活和工作中,常常需要当众发表讲话。为了使讲话有条理,更全面,常常需要事先写好书面讲稿(有时也作即兴发言,不需要讲稿),这种稿件就是讲话稿。讲话稿有广义和狭义两种含义。

广义的讲话稿就是人们在特定的场合发表讲话的文稿。它的使用范围很广,种类也很多,会议类的、宣传类的、礼仪类的。诸如用于各种大小会议上的发言稿、报告稿、领导人的讲话稿、开幕词、闭幕词、欢迎词、欢送词、悼词、祝词,以及群众集会上的演说词、课堂教学的讲课稿、演讲比赛的演讲稿和用于广播、电视、报纸的讲话稿等,都属于广义的讲话稿的范畴。

狭义的讲话稿通常是指各种会议上领导人讲话的文稿。

这里讨论的是狭义上的讲话稿。讲话稿主要能帮助人们理清讲话的思路,稳定讲话的情绪,防止无话可说或急不择言,避免失误,减少重复、冗赘的话语,使讲话通畅而有条理;同时还可以有限制时速的作用,以便有计划地在预定的时间内更好地表达讲话的内容。

一、讲话稿的特点

1. 实用性

讲话稿是一种借助口头表达的书面材料,它广泛应用于大小会议和不同场合,如果需要,还可以登报、广播;若上电视,则叫做录像讲话。随着社会的发展,它的用途越来越广泛,具有反应快、应用广泛、实用性强等特点。

2. 政策性

讲话稿一般由本人写或授意他人(个人或专门写作班子)代写,但无论谁写或用于什么场合,都必须符合政策要求,否则就会"言不及义"。因此,讲话稿又有政策性强的一面。

3. 时间性

因各种需要举行的会议、集会等都是在一定时间、地点等条件下进行的。因此,讲话稿一般都具有较强的时间性,否则,该在事发之前讲清的问题却在事后讲,就变成"马后炮";应立即做的总结报告或表彰会等,却要拖上一段时间,就失去应有的效力。"时过境迁",就不会产生什么应有的效果。

4. 条理性

讲话主要是用声音作为传播的媒介,声音在空中停留短暂,因而,要使讲话的内容被听众听清、听懂,就要条理清晰、层次分明。否则,所讲内容虽然丰富、深刻,但缺乏清晰严密的逻辑性,不能一环扣一环、一步挨一步地叙事、说理,听众接受起来困难,势必会影响讲话的效果。

5. 通俗性

讲话稿与一般文章不同,要合乎口语习惯,具有说话的特点。这就要求撰写讲话稿要深入浅出,通俗易懂,使用语言时不宜咬文嚼字,句子不要太长,修饰部分要少,以免造成听众的错觉,不得要领。同时,也应当讲究文采,以便讲起来生动,达到雅俗共赏的效果。

二、讲话稿的结构

讲话稿的结构通常包括标题、称呼和正文三部分。

1. 标题

简式标题:由讲话人的姓名、职务、事由和文种组成。如:《×××省长在全省教育工作会议上的讲话》。

复式标题:由一个主标题和一个副标题组成。主标题一般用来概括讲话的主旨或主要内容,副标题则与简式标题类似。如:《市场主体"法无禁止即可为" 政府"法无授权不可为"——李克强2014年2月11日在国务院第二次廉政工作会议上的讲话》。

2. 称呼语

一般根据与会人员的情况和会议的性质来确定适当的称谓。称呼语有泛称与特称两种。

泛称:如"先生们、女士们""同志们""朋友们""各位代表"。

特称是根据到会者特殊的身份而定的。如胡锦涛的欢迎词称谓:"尊敬的连战主席和夫人,尊敬的吴伯雄副主席、林橙枝副主席、江丙坤副主席,尊敬的中国国民党大陆访问团的全体成员"。

有时泛称和特称也可同时使用。如连战答谢词的称谓:"胡总书记,各位女士、先生"。

为了表示亲切、友好之意,称谓前可加修饰语"亲爱的""尊敬的""尊贵的"等。

3. 正文

正文包括开头、主体、结尾。

(1) 开头：一般用简洁的文字把要讲的内容概述一下，说明讲话的缘由或者所要讲的内容重点。主要起吸引听众并给讲话定下基调的作用。方式有以下几种：

① 直入式，开门见山，直截了当地切入讲话的内容。

如李克强《在国务院第二次廉政工作会议上的讲话》的开头："这次国务院廉政工作会议的主要任务是，认真学习贯彻习近平总书记在十八届中央纪委三次全会上的重要讲话精神，落实中央纪委三次全会关于反腐倡廉的部署，总结政府这方面工作，进一步明确今年的重点任务。"

② 交代式，交代背景，说明讲话的目的和原因。

如陈云同志1985年9月24日《在中央纪律检查委员会第六次全会上的讲话》的开头："十二大以后，中央纪律检查委员会和各级纪委，在协助党委争取党风根本好转和提高党员政治素质方面，在纠正不正之风、惩治违法乱纪、反对党员中错误思想倾向等方面，做了大量工作，起了积极作用。但是，目前在党风、社会风气方面，还存在着许多严重问题，实现党风、社会风气的根本好转，任务还很重。现在，我对争取党风根本好转，讲以下几点意见。"

③ 提问式，用提出问题的方式引发听众的思考，以集中听众的注意力。

如毛泽东《论反对日本帝国主义的策略》的开头："同志们！目前的政治形势已经发生了很大的变化。根据这种变化了的形势，我们的党已经规定了自己的任务。目前的形势是怎样的呢？"

④ 引述式，引用名言诗句概括讲话的内容或者叙述具体事件、寓言故事等引出讲话的中心。这在演讲中经常使用。

如河北师范大学教师陈慧《在两次重大抉择面前》这篇演讲的开头："当代美国著名诗人弗洛斯特曾写过一首题为《歧路》的名诗。他说，在金色的秋林里有两条道路，他选择了一条人迹稀少的路走了下去，如果选择另一条路，景色兴许会全然不同。诗人在这里运用了一个意味深长的象征，它隐喻人们在人生道路上往往会碰到非此即彼、不可兼得的重大抉择。我在人生道路上有过两次重大的抉择，两次我都选择了祖国，选择了人民的教育事业。虽然这样的抉择曾给我带来了意想不到的磨难，但我从未为自己的抉择而后悔。"

(2) 主体：讲话稿的主要部分。这一部分要承接开头部分所提到的观点展开阐述，可以根据会议的内容和发表讲话的目的，重点阐述如何领会文件、指示、会议精神；可以通过分析形势和明确任务，提出意见；可以结合本单位的情况，提出贯彻上级指示的意见；可以对前面其他领导人的讲话做补充讲话，也可以围绕会议的中心，谈几点看法。总之，要做到中心突出，条理清晰，论据充分，论证严密。结构形式有递进式和并列式。

(3) 结尾：用以总结全篇，照应开头，发出号召，或者征询对讲话内容的意见或建议等。形式有：

① 概括式。

如毛泽东1948年4月1日《在晋绥干部会议上的讲话》的结尾："无产阶级领导的，人民大众的，反对帝国主义、封建主义和官僚资本主义的革命，这就是中国的新民主主义的革命，这就是中国共产党在当前历史阶段的总路线和总政策。依靠贫农，团结中农，有步骤地、有分别地消灭封建剥削制度，发展农业生产，这就是中国共产党在新民主主义的革命时期，在土地改革工作中的总路线和总政策。"

② 号召式，以提希望、发号召、呼口号结尾，使听众振奋精神，鼓舞斗志。

③ 祝愿式，以祝词贺语结尾，向会议和听众表示祝贺、祝愿和敬意。开幕词、闭幕词、欢迎词、欢送词以及其他庆典场合的讲话常用这种结尾。

三、讲话稿的写法

撰写讲话稿要遵循以下写作要求：

首先要了解听众。发表讲话，是讲话人向听众传播信息或做宣传、教育、鼓动工作的过程，也就是与听众沟通的过程。写作讲话稿，要先做一番调查研究工作，弄清楚听众是些什么人，他们关心什么问题，想了解什么情况，要澄清哪些疑问，他们认为最重要的关键在哪里，他们的思想状态、文化水平、理解和接受能力怎样。只有把这些调查研究工作做好了，对听众的心思和特点有数了，才能有的放矢，写出听众想听、爱听，听了入耳、动心、动情的讲话稿。

写讲话稿还要了解讲话人和会场，要考虑讲话人的身份、特点和场合。一个人都是有多重身份和不同特点的。例如，在单位是领导，在家里是一个丈夫和父亲，到街上又是一个普通行人。因此，亲自执笔写讲话稿，就要考虑自己是以什么身份和面貌出场讲话的；如果替别人代写讲话稿，还要弄清讲话人的文化素养、政策理论水平、演讲经验和能力、讲话习惯和风格等。此外，还应摸清以下情况：这是什么内容性质的会议，要研究解决什么问题，还有什么人要发表别的内容的讲话，讨论的情况怎样，会场的气氛怎样，是什么样的会场。总之，只有弄清楚听众、讲话人和会场三方面的情况，才能通盘加以考虑，更准确地确定应当讲什么和怎么讲，使所写的讲话稿适应讲话的需要，符合讲话的要求。

突出中心、观点鲜明、富有新意是写好讲话稿的重要原则和基本要求。中心，既指文章或讲话的主题、基本观点，也指全篇的中心内容。只有突出中心、观点鲜明，用观点统帅内容，内容中又渗透着观点，听众才能对你表达的内容和观点留下深刻的印象。

要突出中心，就要注意"思维导向"。所谓"思维导向"，是指引导听众的思想，把他们的注意力引向某一方面和目标——讲话稿内容的中心。讲话稿从始至终都要围绕着中心写，所有内容的表达和组织安排都要为讲清基本情况和基本观点服务，在讲清情况的同时阐明观点，不要有任何内容脱离或偏离中心。

观点鲜明是指要敢于亮明观点，敢讲真话。讲话稿是用来面对听众的，这种面对面的交流方式要求讲话人把自己的思想直接暴露出来,公之于众。如果不表示赞成什么,也不表示反对什么,吞吞吐吐,含糊其辞,听众就会不满足,甚至感到受了愚弄,认为你在耍滑头。敢亮观点的前提是自信,相信自己讲得正确、有道理。否则,连自己都不相信,还要讲出来让别人相信,岂不是愚弄听众!还要敢讲真话,讲真实观点、真实情况。敢讲真话的前提是相信群众,相信自己所讲的群众能够理解和接受。抱着自信和相信群众的态度,写出敢于亮明真实观点的讲话稿,讲话的成功就有了基本保证。

亮明观点、讲真话都要能讲出新意。所谓"新意",既指要讲出新情况、新事实、新材料、新观点、新见解,也指能从一个崭新的角度谈一个老问题。总之,讲话稿内容要新鲜,要能谈出新意来,才能吸引听众,给人以新启示、新的教益。写讲话稿要学会说理,要把道理讲明白,达到晓之以理、以理服人的目的。在讲话稿中所讲的道理和说理的方法,要适应听众听讲的需要。总的要求是:要把符合马列主义、毛泽东思想,符合国家的方针、政策和法律,符合人民群众利益的道理讲"活",让听众容易理解和接受;不要干巴巴地说教,少讲空洞的大道理。越是面对基层普通群众,越要注意说理的生动、形象和通俗,要多用比喻、对比等方法说理,要多举群众熟悉、日常看得见摸得着、感受深刻的具体实例来说理。

注意分析过程的逻辑性也很重要,富有逻辑是一种强大的力量。在讲话稿中所举例证要恰当,要与提出的观点严丝合缝、和谐统一;要注意分析有步骤、有层次、有条理,不可匆忙地提出观点,武断地得出结论;要善于引导听众的思路跟着你的分析过程走,让他们觉得无可置疑、自然而然,口服心服地赞同你的结论。

此外,有些讲话稿还要讲究说理的战斗性,方法是:既从"正面"说理,又从"反面"说理。所谓从"反面"说理,是指要针对听众的疑问,特别要针对反面的观点,采用设问、反驳等方法,将人们的误解或疑惑一一澄清,将明显错误甚至反动的谬论彻底驳倒,以更加有力地证明自己观点的正确性。这种反证的说理方法,在论辩性的演讲稿中,应当更多地加以采用。讲话稿中的说理要注入讲话人的真情实感,达到以情动人的目的。

写作讲话稿,语言首先要通俗易懂,不能过于艰深、生僻。使用专业性很强的词汇要慎重,必须使用时,要加以通俗的解释;不要使用易生歧义的词语,以免听众听不懂或产生误解。其次,要求语言上口入耳、生动形象。上口入耳就要讲究句式,要多用简洁的短句,不写修饰成分过多的长句,以免讲起来拗口,听起来费劲。要注意音节匀称和词句的声调变化,使语言朗朗上口、入耳动听。还要善于运用比喻、对比、排比、拟人、夸张、衬托等修辞手法,使语言生动形象。再次,讲话稿要能写出特色。所谓"特色",一是指能适应不同听众的特点。例如,对知识分子讲话要注意文雅,对农民讲话要尽量说"大白话",对青年讲话要富有朝气,等等。二是指能写出讲话人说话的特点。讲话稿要能体现出讲话人讲话的风格,或直率,或含蓄,或幽默,或严肃,或放达豪爽,或温文尔雅,做到"文如其人"。

练一练

校学生会宿管部要召开一次学期工作期中总结会,作为宿管部部长的你,请提前写一份讲话稿。

第二节 生活礼仪演讲

 任务

1. 了解生活礼仪演讲的种类。
2. 把握生活礼仪演讲的基本要求。

 读一读

案例1:

各位老师、同学:

大家好!

当鲜艳的国旗又一次在晴朗的天空和灿烂的阳光下冉冉升起时,我们又迎来了新的一周。过去的几周里,学校里留下了我们美好的记忆:整洁有序的校园,干净明丽的墙壁,书声琅琅的早读,井然有序的课堂,诚信静谧的考场,这些都充分展示了我们中学生的风采,在这样的环境里学习怎能不感到幸福呢?

但是,也仍有一些同学忽视了日常行为的养成:在校园里骑快车,不注意文明用语,随手扔下吃完的食品包装袋,不遵照学校要求按时作息,在上下楼梯或去食堂就餐时拥挤……这样的情形,你,会感到幸福吗?

所以,今天我想送给同学们一句话——让每一个人都因为我的存在而感到幸福!

要让我们的父母因为我们的存在而感到幸福。不要让父母操心,不要给父母丢脸,不要让父母难过,不要让父母后悔养育了我们,而要孝顺他们,听他们的话,让他们为我们感到自豪、感到骄傲!

要让我们的老师因为我们的存在而感到幸福,我们要用自己的努力,我们要用最刻苦的拼搏创造学业的辉煌,向老师表明,您的事业,您的精神,您的智慧,在我们身上得到了延续!

要让我们的同学因为我们的存在而感到幸福,同学之间互帮互助,团结友爱,情同手足,珍惜同学之间的友情,用最真挚的友谊帮助自己健康成长,用最无私的奉献温暖别人,赢得尊重!

　　让每一个人都因为我的存在而感到幸福,要用实际行动去做到。我想,一个使别人感到幸福的人,肯定不是一个在家里饭来张口、衣来伸手的人,肯定不是一个在路上、在教室乱扔废纸的人,肯定不是一个在街上不守交通规则的人,肯定不是一个随地吐痰、乱说脏话、不尊重别人的人。

　　同学们,有一首歌叫《幸福在哪里》,其实我们每个人的一生都是一首歌,都是一首寻找幸福、追求幸福和体验幸福的歌。愿所有的同学都能在自己获得幸福的同时,也使你们身边的父母、师长和朋友获得人生最大的幸福!

　　谢谢大家!

(山东　李叶飞)

案例2:

各位亲朋好友:

　　你们好!感谢各位参加我母亲80大寿的喜筵。这里,我作为长子,代表儿孙们祝母亲福如东海,寿比南山!

　　母亲一生坎坷。青年时代恰逢战乱,仅靠父亲一人的薪水维持一家6口的生计,全仗母亲勤俭持家。母亲有一手好女红,我记得儿时的衣服都是母亲一针一线亲手缝制的。母亲40岁那年,父亲去世,我们4个子女还未成人,家里的重担全落在母亲那柔弱的肩上。作为长子,我曾向母亲恳求退学,帮母亲支撑这个家,可母亲拒绝了。她要儿女有知识、有文化,这样才对得起英年早逝的父亲。为了我们,母亲日夜操劳,她的每一根白发,每一条皱纹都代表着她那伟大的母性。母亲的养育之恩是我们儿女永远也报答不完的,母亲的爱是我们儿女心灵的港湾。我们在事业上的成就就是对母亲的报答,她的4个儿女没有辜负她的期望,都成为了对社会有用的人才。我是一位有30年教龄的老教师了,大弟现在是工程师,小弟在政府机关工作,小妹现在是公司经理。母亲过上了稳定的生活后,她的心又扑在了孙子孙女身上。孙子孙女也没有让祖母失望,小伟现在美国攻读博士学位,小华大学毕业后在公司任职颇有成绩,小玲现在成了满天飞的记者,小丽正在上大学,小雨今年也考上了理想的高中。

　　母亲是平凡的,她把一生都献给了她的家庭;母亲是伟大的,她的言传身教使我们儿女一生不做亏心事,对得起自己的良心。

　　今天是母亲的80大寿,这80年的人生,母亲走得直,走得稳,与母亲相识的人都说母亲是善人,善有善报。我们儿孙要说,有这样的母亲、祖母,是我们这一生最可宝贵的财富。

　　这杯酒奉献给母亲,一位平凡而伟大的中国妇女,祝她身体健康,晚年幸福!母亲用她那伟大的母爱养育了她的儿孙,我们儿孙要让母亲在爱的氛围里安度晚年,祝母亲长寿!越活越年轻!当我80岁时,还有机会向人夸耀我有位百龄母亲。

 议一议

读了案例1和2后,谈谈你对幸福的理解。

 学一学

生活礼仪演讲,是指出现在节日、纪念日、庆典(生日、结婚日、校庆、开业、落成等)、聚会等场合中的演讲,以及迎来送往时的欢迎、欢送、答谢演讲。这类演讲的具体要求有以下几点:

(1) 有非常浓厚的礼仪色彩。它十分注重称呼语(尤其是各种尊称)的使用、各种祝福语的不厌其烦的堆积、各种感谢言辞的反复罗列。

例如2005年4月胡锦涛会见国民党主席连战致欢迎词的开头的称呼:"尊敬的连战主席和夫人,尊敬的吴伯雄副主席、林澄枝副主席、江丙坤副主席,尊敬的中国国民党大陆访问团的全体成员"。中国驻俄罗斯特命全权大使刘吉昌,2003年10月3日在他的母校——江苏射阳中学参加母校60周年庆典时即兴演讲说:"一是感谢射阳中学老师对我的培养。二是感谢家乡人民对我的哺育。三是感谢射阳领导对我的支持。"

(2) 注重吉祥、喜庆、和谐、快乐、幸福、美满、成功氛围的渲染。语言上的修饰充满热情,充满激情,充满感染力。

例如《老师们,节日好》的演讲开头:"走过了夏天,迎来了秋天。在这金风送爽的季节,我们盼望,就像花蕾盼望绽放,就像孩子盼望过年,终于盼来了教师节。在这个让人仰慕的日子里,请允许我向全体老师表达我心中最最热诚的问候和祝愿——问候一声:辛勤培育我的老师们,你们辛苦了! 祝愿一声:无悔奉献人生的老师们,你们节日好!"

(3) 以精练的文字、简要的概述将这类演讲主题的由来,它蕴涵的意义,与现实的联系,与现场观众、与当事人的关系等讲明讲透,并借题发挥,对这个演讲主题作延伸性的阐发和拓展,尤其要注意唱好赞歌。

例如:在纪念中国人民抗日战争和世界反法西斯战争胜利50周年的演讲——《胜利的日子,我们祈盼明天》的开头就讲明了"由来":"公元1995年,对于中国人民和世界人民来讲,注定不是平凡的一年,因为它是中国人民抗日战争和世界反法西斯战争胜利50周年。"

又如《在紫阳县庆祝老人节大会上的祝词》,就是对老人们的赞美与景仰,讴歌了老人壮心不已,老有所为的品格:"在跨世纪的历史进程中,你们老骥伏枥,志在千里,余热生辉,壮心不已。三通建设有你们的足迹,企业复活有你们的卓识。你们的行动给人以力量,你们的精神给人以鼓舞,你们理当受到全县人民的爱戴与尊重。"

生活礼仪类的演讲常常要借题发挥,拓展现实意义。生日可以引申出对人生的思

考,婚庆日可拓展出对未来生活的向往,聚会可回顾过去、展望前程等。譬如庆祝"五四"青年节的演讲:"一定要认识到,虽然我们和'五四'运动时的青年不属于同一时代,但处在今天这样的新形势下,我们同样'今天是桃李芬芳,明天是社会的栋梁',同样肩负着振兴中华、振兴祖国、振兴民族的重任,因此我们也必须具有'五四'青年那样的风采,也必须让奉献者的赞歌中有我们的音符,让奋斗者的进程中有我们的足迹,也要把我们的全部深情都献给这一方纯净的土地。"

(4)风格:或轻松、活泼、幽默;或庄重、深刻、富有哲理。但不论是哪种演讲风格,用词用句都注重色彩明亮鲜活,力戒沉闷灰暗,格调要昂扬向上,热烈奔放。

如一段婚礼主持的借题发挥:"朋友们,新郎的名字叫海泉,新娘的名字叫涛。海、泉、涛三个字都与水有关,所以我们可以说,两位新人的名字就蕴涵着一种缘分。此外,水还孕育了生命,蕴涵着生机,凡是有水的地方都会呈现出一派蓬勃的景象。这两个名字的结合,预示着他们的爱情,会像大海一样的深厚与深沉;预示着他们的婚姻,会像泉水一样的清澈与甘甜;预示着他们的家庭,会永远充满着生机与欢乐!"

练一练

1. 父母、爷爷奶奶或其他亲人、朋友过生日时,请做主持的你说段开场白。
2. 以《生活多美好》为题,写一篇生活演讲稿。

第三节　竞聘演讲

任务

1. 了解竞聘演讲的主题内容。
2. 学习竞聘演讲的基本技巧。
3. 学习撰写竞聘演讲稿。

读一读

案例1:

真实的我,期待您的信任

尊敬的各位评委、各位同事:

竞争上岗是一面镜子,能够展示自己的优势,照出自己的不足;竞争上岗是一道门槛,能够明确前行的目标,激发进取的活力。基于这样的认识,今天,我站在了这个竞争的讲台上。此时此刻,我要真诚地感谢领导和同志们给了我这样一个难得的机会!一篇好的演讲应该是不加修饰的,用心讲话、讲真心话。所以,我把我今天的演讲题目确定为《真实的我,期待您的信任》。站在大家面前的我,稳重而不死板、激情而不张扬、谦和而不懦弱、正直而不固执。下面,我用"金、木、水、火、土"五个字介绍自己适合处长岗位的特点。

金——我获得了金子般的荣誉。参加工作17年,其中有8个年度考核为优秀。2004年我被评为办公厅标兵,2005年被评为办公厅有突出贡献的先进个人,2007年被市政府授予技术能手称号、被市人事局记三等功。我深知,这些荣誉的背后是大家充满期待和信任的目光。木——我像大树一样吸收营养。"合抱之木,起于毫末。"因为生长在办公厅这个肥沃的土地上,所以对领导和同志们的优点长处看在眼里、记在心上;因为身处快速发展的年代,所以对新事物、新知识求知若渴,生怕落伍;因为爱好不多,所以寄望从学习中享受快乐。这些年来,工作之余,我运用所学知识评国家大事,说民生难事,在《光明日报》《经济日报》《湖北日报》等国家级、省级报刊上发表文章上百篇。水——我是一个和谐的因子。不论在哪里工作,不论在什么岗位,我都顾全大局,团结同事。这种品质,没有随着职务的变迁、岗位的轮换而改变。担任信息处副处长以来,我找准自己的角色定位,补台不拆台、帮忙不添乱,心悦诚服地接受处长的领导,真心实意地搞好同事关系,尽力维护班子的团结、处室的和谐。火——我激情燃烧地工作。从偏居一隅的区直小机关走进这座城市的首脑机关,我倍感荣幸、倍感温暖,也倍感肩上的责任。对待工作,我是"衣带渐宽终不悔,为伊消得人憔悴",记不清有多少个假日、多少个夜晚是在写材料,只依稀记得,为了赶写某些重要材料,经常加班到第二天太阳升起。令人欣慰的是,我撰写的多篇调研文章引起了省、市主要领导甚至是中央领导的关注;起草的多篇交办材料受到了领导的表扬、大家的认可。土——我是地道的农民的儿子。我是伴着泥土和牛羊一起长大的,童年的记忆里充满了苦涩和艰辛。在农村的田野上,我不仅呼吸到了新鲜的空气,更培植了自己不受污染的纯净心灵。我从长辈们那里秉承到的是淳朴、善良、勤奋、忠诚。一直以来,我把这些优秀的品质视为宝贵的精神财富,时刻呵护、时刻铭记,即使是在市场经济的冲击、外界诱惑增多的形势下也毫不褪色。假如我是一株麦子,开始扬花孕穗的时候,我忘不了引导我向上生长的太阳,忘不了供给根须营养的土地。如果我能够竞争上处长职位,我一定不负重托、不负众望、不辱使命。下面,我用自己的姓名"方家平"三个字来诠释我当处长的工作理念与思路。

第一个字:方。一是领导有方。深刻领会、认真执行市委及领导的方略,既带好队伍,当好指导员,又率先垂范,当好战斗员;既运用处长职位的有形力量,又运用个性魅力的无形力量;既不揽功,也不推过。二是明确方向。认真履行好工作职责,确定好工作重点,部署好工作格局,配置好工作资源。三是创新方法。处室工作需要在传承中创新,在创新中发展。我将通过流程再造、制度设计、柔性管理等方式来创新方法,努力让各方满意。第二个字:家。搞好处室"小家"的和谐,维护办公厅"大家"的团结。坚决执行办公厅领导班子的决定,坚持搞好与兄弟处室之间的工作协调与感情沟通。团结出战斗力、凝聚力,也出生产力。在良好的氛围中,努力激发活力、创造佳绩。第三个字:平。从副处长到处长,责任更大了,我将始终保持一颗平常心,诚恳做人,勤恳做事;我将始终保持一颗公平公正之心,客观地评价别人,正确地看待自己;我将始终激励和动员全处同志,在平凡的岗位上,努力把最平凡的事情做得不平凡。

各位评委、各位同志,行胜于言!给我一个机会,还您一个惊喜!最后以一副对联结束我的演讲:上联是"胜固可喜,宠辱不惊看花开",下联是"败亦无悔,立足岗位作贡献",横批是"谢谢大家"。

(湖北 方家平)

议一议

案例中"金、木、水、火、土"分别代表什么意义?

学一学

随着人事制度的改革,公开、平等、竞争、择优成为选拔人才的一条重要原则。在公开招聘人才的过程中,竞聘演讲稿具有重要的作用。

竞聘演讲既是竞聘者对自身素质的评价,也是人事部门和群众了解竞聘者情况的渠道,它既为择优选聘提供依据,也有利于竞聘者自身素质的提高。竞聘演讲具有针对性、竞争性、自述性的特点,其作用是针对某一岗位,以竞聘成功为目的,本着对个人、对单位负责的态度,面对听众介绍自己、展示自己、推荐自己。竞聘演讲的目的就是要使听众对演讲者有充分的了解和认识,从而鉴别其是否能胜任该职位。要想在竞聘中脱颖而出,关键是重视竞聘演讲稿的写作技巧,把握竞聘演讲稿的写作要求。

一、竞聘演讲的主体内容

在竞聘演讲中,要把自己介绍给评选者,让评选者了解你的基本情况,了解你对竞聘岗位的认识和当选后的打算。竞聘演讲的主体内容应该包括以下几个方面。

1. 介绍自己应聘的基本条件

所谓基本条件就是政治素质、业务能力和工作态度等。这一部分实际上是要说明为什么要应聘,凭什么应聘的问题。竞聘者在介绍自己的情况时,不应面面俱到,一定要有针对性,即针对竞聘的岗位来介绍自己的学历、经历、政治素质、业务能力、已有的政绩等。

2. 简要介绍自身的不足之处

竞聘者在介绍自己应聘的基本条件时,要尽可能地展示自己的长处,但不是对自身的不足之处闭口不言。

请看某竞聘者的表述:"我从没有担任过班干部,缺少经验,这是劣势。但正因为从未在'官场'混过,一身干净,没有'官相官态''官腔官气',少的是畏首畏尾的私虑,多的是敢作敢为的闯劲。正因为我一向生活在最底层,从未有过'高高在上'的体验,对摆'官架子'看不惯,弄不来,就特别具有民主作风。因此,我的口号是'做一个彻底的平民班长'。"

3. 表明自己任职后的打算

评选者更关心的是竞聘者任职后的打算。因此,竞聘者在竞聘演讲时,一定要用简明扼要的语言亮明自己的观点。也就是说,要紧紧围绕着听众关心的热点、难点问题,提出明确的工作目标和切实可行的措施。

二、竞聘演讲稿的基本写作要求

1. 气势要先声夺人

竞聘演讲的一个重要特征就是具有竞争性,而竞争的实质是争取听众的响应和支持。而做到这一点的有效方法之一,就是要有气势,"气盛宜言"。这气势不是霸气,不是娇气,不是傲气,而是浩然正气。有了渊博的才识、正大的精神以及对党的事业和人民的深厚的感情,作者就不难找到恰当的语言表达形式。

2. 态度要真诚老实

竞聘演讲其实就是"毛遂自荐"。自荐,当然应该将自己优异的方面展示出来,让他人了解自己。但要注意的是,在"展示"时,态度要真诚老实,有一分能耐说一分能耐,不能为了自荐成功而说大话、说谎话。

3. 语言要简练有力

老舍先生说:"简练就是话说得少,而意包含得多。"竞聘演讲虽是宣传自己的好时机,但也决不可"长篇累牍"。应该用简练有力的语言把自己的思想表达出来。

4. 内心要充满自信

著名演说家戴尔·卡耐基曾说过:"不要怕推销自己。只要你认为自己有才华,你就应该认为自己有资格担任这个或那个职务。"当你充满自信时,你站在演讲台上,面对众人,就会从容不迫,就会以最好的心态来展示你自己。当然,自信必须建立在丰富的知识和经验、强于他人的工作能力的基础上。这样的自信,才会成为你竞聘的力量,变成你工作的动力。

三、竞聘演讲稿的开头方法

竞聘演讲的时间是有限的。因此,精彩而有力的开头便显得非常重要。有经验的竞聘者常用下面的方法来开头:

(1)用诚挚的心情表达自己的谢意。这种方法能使竞聘者和听众产生心理相融的效果。

例如:"我非常感谢各位领导、同志们给了我这次竞聘的机会。"

(2)简要介绍自己的有关情况,如姓名、学历、职务、经历等。

例如:"我叫李明新,1983年毕业于北京大学哲学系,1985年加入中国共产党,现任哲学教研室副主任。"

（3）概述竞聘演讲的主要内容。这种方法能使评选者一开始就能明了演讲者演讲的主旨。

例如："我今天的演讲内容主要分两部分：一是我竞聘人事局副局长的优势，二是谈谈做好人事局副局长工作的思路。"

四、竞聘演讲稿的结尾方法

好的结束语能加深评选者对竞聘者的良好印象，从而有利于竞聘成功。竞聘演讲常见的结尾方法有：

（1）表明对竞聘成败的态度。这种方法能使评选者感受到竞聘者的坦诚。

例如："作为这次竞聘上岗的积极参与者，我希望在竞争中获得成功。但是，我绝不会回避失败。不管最后结果如何，我都将堂堂正正做人，兢兢业业做事。"

（2）表达自己对竞聘上岗的信心。

例如："我今天的演讲虽然是毛遂自荐，但不是王婆卖瓜，自卖自夸。我只是想向各位领导展示一个真实的我。我相信，凭着我的政治素质，我的爱岗敬业、脚踏实地的精神，我的工作热情，我的管理经验，我一定能把副处长的工作做好。如果各位有疑虑，那就请给我一个机会，我决不会让大家失望。"

（3）希望得到评选者的支持。

例如："各位领导、各位评委，请相信我，投我一票！我将是一位合格的处长。"

五、撰写竞聘演讲稿基本方法

1. 标题简洁

标题一般包括竞聘的职务名称和文种等要素，如《综合秘书岗位竞聘演讲稿》《关于银行办公室主任一职的竞聘演讲稿》《竞聘编辑部主任一职的演讲词》。也可简写为《我的竞聘演讲》《竞聘演讲稿》《竞聘演讲词》等。

2. 开篇精彩

良好的开端是成功的一半。报告的开头必须简洁而又精彩，以引起听众的注意。常见的开头方式有以下几种：

（1）感谢式。用诚挚的心情表达谢意。如："非常感谢贵公司给我这次宝贵的竞聘机会。"

（2）概述式。概括叙述自己应聘的岗位以及竞聘演讲的主要内容。如："今天我充满自信到贵公司竞聘文秘岗位，凭之立足的基石是我十几年不懈的努力所掌握的知识和技能。现在我向各位考官简述我的基本情况以及对竞聘岗位的认识。"又如："今天我将坦诚地向各位领导、同志们陈述我应聘银行办公室主任所具备的优势，并提出我拟聘后的工作设想，请各位提出宝贵意见。"

（3）简介式。简要介绍自己的经历、性格特征，让听众对自己有个初步的了解。如："我叫张××，1989年毕业于复旦大学新闻系，出身于农家、成长于复旦的我，既有农民的朴实,又有诗人的气质,自信能胜任新闻工作。"

3. 主体丰富

主体部分是竞聘演讲稿的重点,也是写作的难点所在,一般包括以下几方面的内容:

(1)陈述竞聘的主要优势。针对竞聘的岗位介绍自己的德、能、勤、绩,不是叙述自己工作时间的长短,而是突出和竞聘岗位相关的经历和业务能力。要以积极的态度去描述,让听众认可你确实适合这份工作并具备不断发展的潜力。力求精要,切忌面面俱到。

如有一篇竞聘总经理助理的竞聘词是这样写的:"做文秘,我已发表多篇作品;做驾驶,已有20万公里的驾驶记录;做经管,我已具备多年的经营管理经验。"又如一篇竞聘幼儿园园长的竞聘词这样写道:"我之所以竞聘幼儿园园长,主要凭借以下几点优势:长期的园务管理工作经验;丰富的幼教基本功;细心认真、吃苦耐劳、勇于创新以及对工作永不满足的个性。我始终坚持'没有最好,只求更好'的工作目标,始终保持着一股旺盛的精力和工作激情,自信能以自身良好的素质影响周围的人,从而带动整个幼儿园群体向更高的目标迈进。"

(2)对应聘岗位职责的认识。竞聘前,要充分了解招聘单位和应聘岗位的情况,只有明确岗位职责,才能有的放矢地提出该岗位的工作目标、施政设想和打算。

如一篇竞聘编辑室主任的演讲词是这样写的:"策划选题、组织稿件、编辑书稿是出版工作的关键环节,也是出版社工作的重中之重。编辑室是承担这一重任的基层组织,编辑室主任应起好以下三个方面的作用:桥梁作用——室主任要成为领导的助手,群众的知音;领导作用——组织本室成员积极开展工作,落实社里的计划;协调作用——既要协调本室工作,又要和其他部门相互协调,合理安排人力、时间,妥善安排好各项工作。"

(3)表明自己任职后的打算。竞聘者要紧紧围绕听众关心的热点、难点问题,切忌华而不实和故作卖弄之语。只有提出切实可行的措施,才能提高竞聘的成功率。

如一位竞聘某单位综合秘书岗位的竞争者是这样陈述对竞聘岗位的打算和思路的:"各位评委,如果我能竞聘成功,我会认真做好以下几方面的工作,真正当好局领导和办公室主任的助手:一是本着认真负责的办事作风做好日常事务工作,提高服务质量;二是凭借深厚扎实的理论功底当好参谋助手,服务领导决策;三是依靠良好的沟通能力和强烈的团队精神做好协调工作,确保政令畅通;四是发挥自己的计算机特长,规划我局的信息化建设工作,提高我局的形象和声誉。"

4. 结尾凝练

结束语要求画龙点睛,加深评选者对竞聘者的良好印象,从而有利于竞聘成功。常见的结尾方式有以下几种:

(1)表达愿望式。表示加盟对方组织的热切愿望,展望单位的美好前景,期望得到认可和接纳。例如:"如能蒙贵公司不弃,有幸成为贵公司的一员,我将竭尽所学,为贵单位的发展贡献自己的一份力量。"

(2)表明态度式。坦诚地表达自己参与这次竞聘的感受。例如:"参加这次竞聘,对我来说也是一个学习和提高的过程,是对自我的一种挑战,无论竞聘成功与否,我都将一如既往,堂堂正正做人,踏踏实实做事。"

(3)祈请支持式。表达自己对竞聘上岗的信心,恳请得到大家的支持和帮助。例如:"各位评委,请大家投我一票,我将交上一份让你们满意的答卷。"

5. 神态得当

竞聘演讲稿不仅要把握好写作的结构,还必须注意适合演讲的场合,它必须符合竞聘者的身份,具体要求有以下几方面:

(1)态度诚恳。竞聘演讲虽是向听众毛遂自荐,展示才华,展示德行,但又不能说得过头,以免让听众反感。要在写作过程中仔细揣摩,把握好尺度,态度诚恳,实事求是。

(2)充满自信。自信主要是在平时的学习、工作和生活中培养出来的,所谓胸有成竹,竞聘时要充分展示出来。注视评委和听众的时间应占竞聘时间的50%,适时进行面部信息的交流和沟通。竞聘过程中表情要自然,学会微笑,微笑能给听众愉悦、快乐、轻松、友好和平易近人的亲切感。上下讲台要注意身体语言。身体的动作是心灵活动的结果,抬头挺胸、步伐矫健,会使人感到你充满自信。

六、竞聘演讲稿写作公式

(1)开场白:① 问好;② 感谢;③ 名字。

(2)内容:① 为什么——为什么参加这次竞聘。② 经历——过去有过哪些相关的工作经历。③ 经验——通过过去的经历获得了什么样的经验。④ 作用——这些经验对现在的工作有什么作用。⑤ 承诺——如果竞聘成功,如何对待这份工作;如果没有竞聘成功,如何对待目前的工作。

(3)结尾:① 希望——希望单位给予机会;② 感谢——感谢单位给予这次参加竞选的机会和支持。

练一练

学校准备采取竞选的方式产生新一届学生会,小李打算竞选学生会主席,请你帮他撰写一篇竞职演讲稿。

参 考 文 献

1. 包镭.演讲与口才技能实训教程.北京:北京大学出版社,2007.
2. 何书宏.演讲与口才知识全集.北京:北京工业大学出版社,2005.
3. 程淑丽.客服人员超级口才训练——客服人员与顾客的135次沟通实例.北京:人民邮电出版社,2010.
4. 刘志敏,张爱玲.推销策略与艺术.北京:中央广播电视大学出版社,2010.
5. 黄玉峰,周唯信.东方情商——中国古代交际艺术.上海:复旦大学出版社,2000.
6. 谢伯瑞.实用演讲与口才教程(第二版).武汉:华中科技大学出版社,2007.
7. 郭碧莲.即兴口才·随身口才·灵感口才.北京:中国言实出版社,2005.
8. 肖天.口才艺术一点通.北京:农村读物出版社,1997.
9. [美]吉恩·比德尔.3步说服术.张健康,译.海口:海南出版社,2002.
10. 傅春丹.案例式演讲与口才.广州:广东高等教育出版社,2005.
11. 张再欣.现代商务礼仪.北京:中国人民大学出版社,2012.
12. 王黎云.演讲与口才.杭州:浙江大学出版社,2004.
13. 郭千水.实用口语训练教程.北京:清华大学出版社,2004.
14. 张波.口才训练教程.北京:机械工业出版社,2003.
15. 曹文彬.现代礼仪.北京:中国商业出版社,2001.
16. 朱蓓.实用口才训练教程.广州:广东高等教育出版社,2004.
17. 黄孝山.推销理论与技巧.北京:中国经济出版社,2003.
18. 李兴军,刘金同.大学生实用口才与演讲.北京:清华大学出版社,2006.
19. 孙和.打动人心的160个口才技巧.北京:北京工业大学出版社,2009.
20. 李元授.交际与口才.武汉:华中理工大学出版社,2002.